組織にいながら、自由に働く。

仕事の不安が「夢中」に変わる「加減乗除（＋－×÷）の法則」

仲山進也
Shinya Nakayama

日本能率協会マネジメントセンター

はじめに
組織のレールから外れた私が、なぜか注目されるようになってきた。

ついこの間まで「組織でレールから外れた変人」にすぎなかった私に、「その自由すぎる働き方は新しい。ハナシを聞かせて」という依頼が次々と舞い込み始めました。

あるメディアでは、「自由すぎるサラリーマン」と紹介されました。

上場企業（楽天株式会社）の正社員でありながら、

- 兼業自由、勤怠自由、仕事内容自由（社内で唯一）
- 自分の会社を経営（仲山考材株式会社）
- 横浜F・マリノスとプロ契約（２０１７年当時）

という働き方が「自由すぎる」ということでした。

私が「兼業自由・勤怠自由・仕事内容自由の正社員」というナゾの立ち位置になってからすでに10年以上が経ちますが、何やら**「働き方」についての流れが変わってきた**（こちらに寄ってきた）のを体感します。

複数の立場で仕事をすることは「副業・複業」とか「パラレルキャリア」と呼ばれて、昨今、話題にのぼることが増えてきました。ただ、大きめの組織に属しながら10年もやっているような実践例が多くないことから、「どうなってるの？」とお声がかかっているようです。

それらの記事を読んでくれた方々から、**「私も組織にいながら自由に働けるようになりたい」**と言われるようになりました。ハナシを聞いてみると……

仕事をしていて、とにかく不自由さ、閉塞感、人生がつまらなくなっていく不安を感じる。かと言って、巷で聞く「自由」という言葉には怪しさも感じていて、そのうち堕落しそうな危うさがある。自由を得たいなら独立や投資をしなさい、というハナシになるのもしっくり来ない。起業をして、自分でフロンティアを切り開いていきたいわけでもない。

でも**自由**がほしい。

組織に属するメリットを享受しながら、**組織にしばられず自由になりたい**。

誰にもマネできないようなスゴい人ではないけど、**自由に働けるようになりたい**。

グーグルのように「自由な社風」をウリにする先進的な会社ではなくても、**自由に働けるようになりたい**。

私にもなれますか？　そういうことを言うのは、わがままですか？

そんな声が聞こえてきました。

もし「私にもなれますか？」という問いに答えるなら、**なれます**。

スゴい人じゃなくてもなれますし、先進的な会社でなくてもなれます。

ちなみに、私のイメージする「スゴい人」は、仕事が思いどおりいかずにモヤモヤしたりはしません。志高く、夢に向かって折れない心で荒波をも打ち砕きながら突き進み、目標を達成していきます。

それに比べて「スゴくない人」は、しょっちゅうモヤモヤします。

モヤモヤって、たとえばこういうのです。

「向いていない仕事に配属された」

「組織の歯車になっているだけでつまらない」

「目標の数字に追われ続けるのがしんどい」

「仕事が自分に集中しすぎて、まったく終わらない」

「がんばり続けた結果、燃え尽きた」

「もっと思いっきり働きたいのに、残業禁止だから帰れと言われる」

「プレーヤーとして仕事がおもしろくなってきたところで、マネジャー業務もやることになったが全然うまくいかない」
「やる意味のわからない業務とか会議とか調整とか評価とかに忙殺される……」
「なぜお客さんに喜ばれていることが、社内でこれほど評価されないのだろう……」
「新しいことをやろうとすると、関係部署から余計なことをするなと言われて頓挫する」
「レールの先にいる上司たちがあまりハッピーそうに見えない」
「会社って、なんで仕事してなさそうなオジサンがこんなにいるんだろう……」
「そろそろ満員電車に乗らなくて済むようになれないものか……」
「転職や独立も考えるものの、自分の能力が外で通用するかどうか不安……」
「仕事が楽しくて没頭していたら、社内で浮いて変人扱いされている……」

いくつか思い当たるものがあったでしょうか？
ちなみに、このうちの多くは、私自身がかつて感じたモヤモヤです。こんなことでモヤモヤするような「スゴくない人」でも、自由に働けるようになれました（ご安心ください）。

ここで質問です。

次の文章の内容は、「新しいね」と言われる私の働き方と近いのですが、いつ書かれたものだと思いますか?

新しい経済の基本的単位は、会社ではなく、個人になる。仕事は、固定化した管理組織によって与えられ、コントロールされるのではなく、既存の組織外で個人事業主の集団によって遂行される。電子で結びついたフリーランサー、すなわちEランサーが、流動的な臨時のチームをつくり、製品を生産・販売したり、サービスを創造・提供したりする。仕事が終わればチームを解散して再び個人事業主にもどり、次の仕事を求めてさすらう。

これは『ハーバード・ビジネス・レビュー』に掲載された「Eランス経済の夜明け」(トーマス・マローン、ロバート・ローバッカー)という論文の一節です。

なんとこの文章が書かれたのは、1998年。20年も前なのです。

「電子」とか「E」というネット黎明期の香りがする言い回しさえなければ、最近出た本かと思うような内容です。

そんな20年も前から予測されていた働き方が、今になって「新しいね」と言われているというのはどういうことなのでしょう。

単に予言が早すぎた？

いや、その論文にはすでに、「これは突飛な仮説ではなく、すでにさまざまな形で現実化しており、今後一般化していく変化だ」とあります。

とすると、日本の企業（企業人）が変化の波に乗り遅れた？

「個人が自由に動ける働き方」につながる道が、どこにあるのか見えていなかった？

それとも、みんな「自由になりたい」と口では言いながら、組織に依存するほうがラクだから本当は自由になんてなりたくなかった？

いずれにしても。

「なれるか、なれないか」と聞かれると「なれる」と答えやすいのですが、「どうすればそういう働き方になれますか？」と聞かれると、どうも答えにくいところがあります。

「これさえやればなれます」とか「すぐになれます」というわけにはいかないからです。

簡単に答えようと試みたこともありますが、「よくわからない」「私とは違いすぎて参考にならない」「初期の楽天に入れたからじゃないの」と言われて終わること多数……。

そこで本書では、まるごと一冊を使って、私が試行錯誤してきた「自由な働き方」を体系的にフレームワーク化することを試みました。これによって「どうすればなれるか」のヒントを提供できればと思っています。

働き方は「加減乗除」の4ステージで進化する

自由に働くには——?

この問いへの答えとして私が発見したのが、働き方が第1形態から第4形態までの4段階で進化を遂げるという**「加減乗除の法則」**です。

2016年に「シン・ゴジラ」と「ポケモンGO」が流行りました。どちらも形態を変えながら進化していくのが共通しているな——そう気づいた瞬間、「働き方の進化形態は【加減乗除】で、自由な働き方の理想形は【除】だ!」というアイデアが降ってきました。

サラリーマンも自営業者も同じように、働き方を変えながら進化するという考え方です。

これまでの自分の働き方を含めて、何万人という経営者やサラリーマン(楽天出店者さんや楽天スタッフ)を見てきた上で、「加減乗除」の4ステージにあてはめると、何やらピッタリ来るのです。

「加減乗除」の各ステージにおける働き方の概要は、次ページのようになります。

働き方の４ステージ

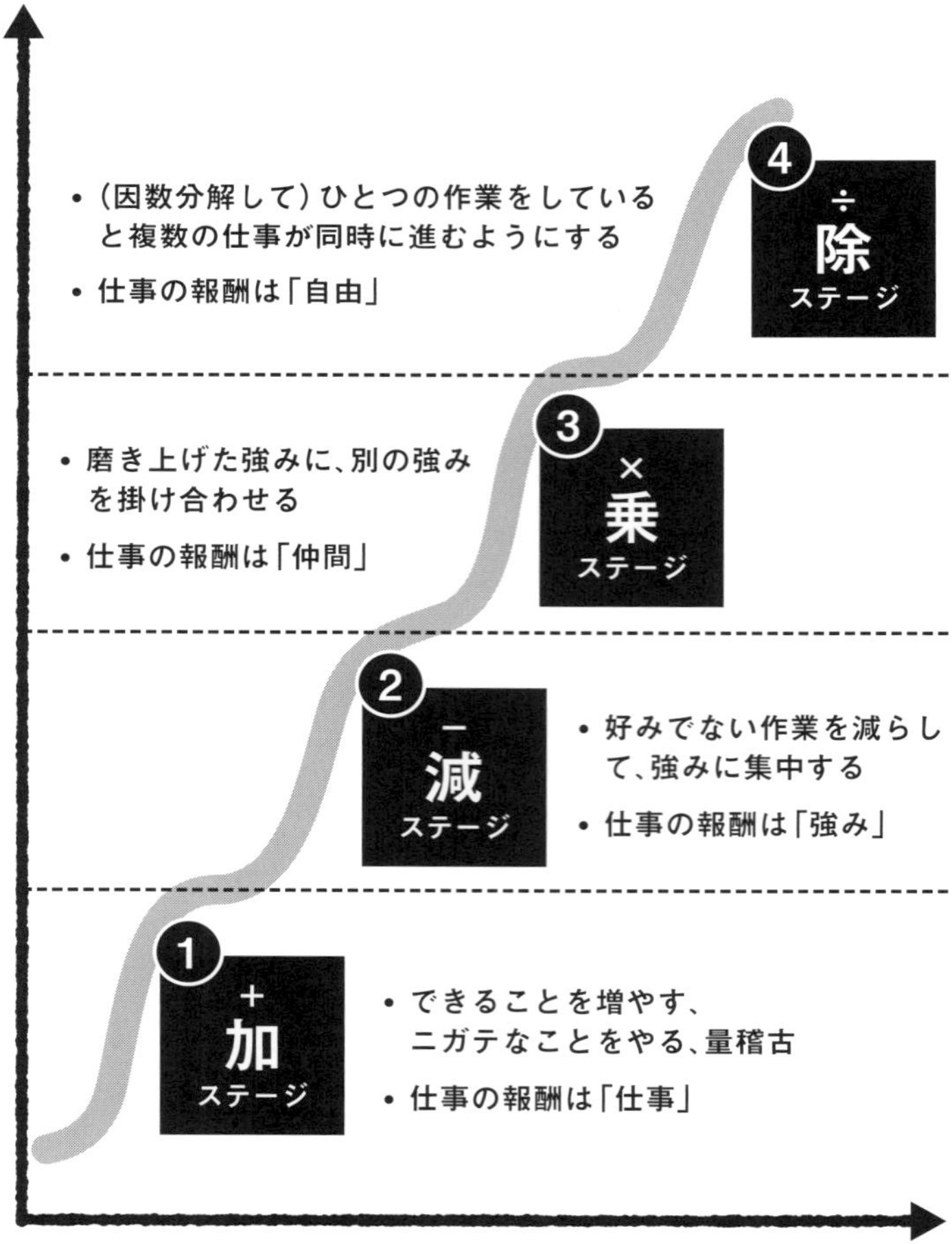

4
÷
除
ステージ
・（因数分解して）ひとつの作業をしていると複数の仕事が同時に進むようにする
・仕事の報酬は「自由」
3
×
乗
ステージ
・磨き上げた強みに、別の強みを掛け合わせる
・仕事の報酬は「仲間」
2
−
減
ステージ
・好みでない作業を減らして、強みに集中する
・仕事の報酬は「強み」
1
＋
加
ステージ
・できることを増やす、ニガテなことをやる、量稽古
・仕事の報酬は「仕事」

この4つのステージが、「自由な働き方」を実現するための道のりです。

お察しのとおり、「これさえやれば、すぐ自由になれます」というようなハナシではありません。そういうお手軽ノウハウが必要な方は、そっとこの本を閉じていただいて……（笑）、「まあ時間はかかるよね」と思える方だけで次へ進んでいきましょう。

このあとの本書の読み方としては、自分の該当しそうなステージの章からよりも、**「加減乗除」の順で**読んでみてほしいです。特に、「今見えているレールの延長線上には自由な働き方のイメージがわかない」という場合は、「自由な働き方のＯＳ」をインストールする必要がある可能性が高いので、「加」の章から読んでください。

この本は、人によっては章が進むほどアタマに「?」が浮かぶことになるかもしれません。自分が未体験のステージのハナシは、ピンと来ないからです。ちなみに「自由な働き方」を実現している友人たちに加減乗除のハナシをしてみたところ、一様に「除、わかるわ〜」という反応が返ってきました（仲山調べ）。本書の目的は、今まで見えていなかった道を提示することで選択肢を増やそうというものなので、ピンと来なければ「そんな道もあるのかねぇ」くらいに思って読んでいただければ十分です（何年か経って読み返してみると思わぬ発見があるかも……）。

それでは、加減乗除ステージアップの旅をお楽しみください！

目次

はじめに　003
組織のレールから外れた私が、なぜか注目されるようになってきた。　009
働き方は「加減乗除」の４ステージで進化する

STAGE 1

＋「加」

自由な働き方のOSをインストールする

最初から割り切ろうとしてはいけない　020
今、感じている「モヤモヤ」の正体を突き止める　022
よくあるモヤモヤ①
がんばりすぎて燃え尽き症候群　027

よくあるモヤモヤ②
「退屈ゾーン」にどっぷり……030
仕事を遊ぼう
――難易度をチューニングする……034
そもそも「楽しい仕事」なんてあるのだろうか
――仕事を因数分解する「仕事＝作業×意味」……038
「プロセス目的的」が仕事を楽しくする……043
目の前の「ニガテ」を深堀りすると「希少価値」につながる……046
働く「意味」を深堀りしよう
――働く動機（メリット）は6種類……050
ポジティブ動機3点セットを揃えるには……054
「加」ステージのゴールは、「お客さんのプロ」……057
落ちている仕事は「気づいた者負け」で拾う……061
「歯車仕事」から自由になる
――一人プロジェクトを立ち上げよう……065
「やりたいことがわからない問題」への対処法
――「展開型人生」のすすめ……070
加→減
次のステージに進むための持ち物リスト……074

STAGE 2

「減」

強みを磨く

これまで「常識」だと思っていたことを手放そう ……… 076
「積みへらし」の作法
——「他由」を捨てれば「自由」になる ……… 078
「安定」から自由になる
——変化の時代は「不変・不動」こそ不安定 ……… 084
「レール」から自由になる
——ドロップアウトをチャンスに変えるには ……… 087
ここで改めて考えたい、「働かないオジサン」問題。 ……… 090
「ルール」から自由になる
——破ってもいいルールの見極め方 ……… 096
「評価」から自由になる
——変人と呼ばれる精神的コストに耐えられるか ……… 101

「許可」から自由になる
――組織の中でも好きなことはできる……105

「びっしり詰まったスケジュール」から自由になる
――退屈ではなく「暇」を目指そう……109

「ロール（会社名、部署名、肩書き）」から自由になる
――「何をしているのかわかりにくい人」の時代になってきた……115

「お客様」から自由になる
――「お客さん」を選り好みする……120

「お金」から自由になる
――「お金がなくてもやりたいことができる人」になろう……124

「ニガテなこと」から自由になる
――軸となる強みを一本つくろう……130

そして私は、「満員電車（混んでいる場所）」から自由になった……133

「減→乗」
次のステージに進むための持ち物リスト……138

STAGE 3 ×「乗」

独創と共創
仲間と遊ぶ

「浮く」と、いいことが起きる……140
自分の強み同士を掛け算する——「タンポポの綿毛理論」……143
他流試合で、ノウハウを横展開してみる……148
他流試合で、いつものネタを違う相手に伝えてみる……156
流れに乗る作法
「展開型」を極めよう……160
共創の作法①
「目的・動機・価値観」をさらす……167
共創の作法②
「凹」をさらす……172
シナジーを生み出す「滝の法則」……176
化学反応時のカオスを乗り越えよう……181

チームビルディングとマーケティングを掛け合わせてみたら……185
お客さんとチームをつくる
——南三陸町楽天出店プロジェクト……190
「乗→除」次のステージに進むための持ち物リスト……196

STAGE 4

÷「除」

何にもしばられない自由な働き方

「乗」のワナを乗り越えろ……198
「一見関連のない複業が、すべてつながっている」ようにする……200
「ワーク・ライフバランス」から「ライフワーク・バランス」へ……203
複数の「立場」を使い分け、それぞれの強みを活かす……207
サラリーマンの進化系?
——横浜F・マリノスとプロ契約を結んだハナシ。……214

「キワモノ」たちは、際に集まる
——組織における6つのポジション……221
あなたの「売り物」は何か？
——自分は何者か、提供価値は何か……230
働き方のゴールはどこにある？
——「ありがとうと言われて喜んでいるうちは二流」……237
おわりに……240

STAGE1

加

自由な働き方のOSを
インストールする

最初から割り切ろうとしてはいけない

会社に入って、組織に属するカタチで仕事を始めると、たいていはやることを上司が指示してくれます。その指示どおりに仕事をしていったら楽しくてしかたがなくなった、となればよいのですが、実際にはそううまくはいきません。

言われたことができなければ「自分はここにいてよいのだろうか」とツラくなるし、仕事を覚えてこなせるようになったらなったで「こんなことをずっと続けていてよいのだろうか」と思ったりするわけです。

「余計なことを考えていないで、とにかくやればいいんだよ」と言われて、そんなものかと思いはするも、解決しないままあっという間に時間が過ぎていく――。

悶々と悩み続けるのは面倒くさいので、中には「仕事なんてこんなもの」と割り切ることで考えるのをやめて、ある意味、ラクになっている人もいます（というか、多い）。

でも、割り切って幸せに働けるならよいのですが、そういう人で楽しそうな人にまだ出会ったことがありません。

「楽《ラク》」と「楽しい」は似て非なるもの。

「楽」とは各種コストを最小化することであり、「楽しい」はたくさんコストをかけた上でそれ以上のメリットを享受することです。趣味や子どもの遊びは「楽しさ」を得るためのものだから、単に「楽」を目指そうとはしないわけです。

また、割り切ると進化が止まります。一見、両立しなそうなものを混ぜたり、こねたり、かき回したりすることで「融合」が起こって、新しいものが生まれるのが進化です。「やらなければいけない仕事」と「楽しむこと」は別のもの、と〝割り切ってしまう〟と、「仕事が楽しい」という状態への道が閉ざされてしまいます。

それだとつまらないので、まず〝割り算〟をする前に〝足し算〟から始めていきましょう、というのが本章です。

では、「加」ステージに進みましょう。

今、感じている「モヤモヤ」の正体を突き止める

思うような働き方ができていないとき、人はモヤモヤします。

モヤモヤしているときには、図1の「フロー図」を眺めて、「今どこにいるかな」と考えます。

このフロー図は、縦軸が「挑戦」で、横軸が「能力」です。能力を大きく超えた挑戦をすると、人は「不安」になります。逆に、能力が高いのに挑戦しないと「退屈」になります。

モヤモヤには2種類あって、**仕事でモヤモヤを感じるときは「不安」か「退屈」になっている**のです。これがモヤモヤの正体。

これに対して、挑戦と能力のバランスがとれているとき、人は**「夢中」**になりやすい。

それが、この図のメッセージです。

真ん中に書いてある「フロー」というのは、夢中になっているとか没頭している状態のこと。

フロー理論を提唱しているミハイ・チクセントミハイさんという心理学者がいて、『フロー

図1　モヤモヤの正体は「不安」と「退屈」

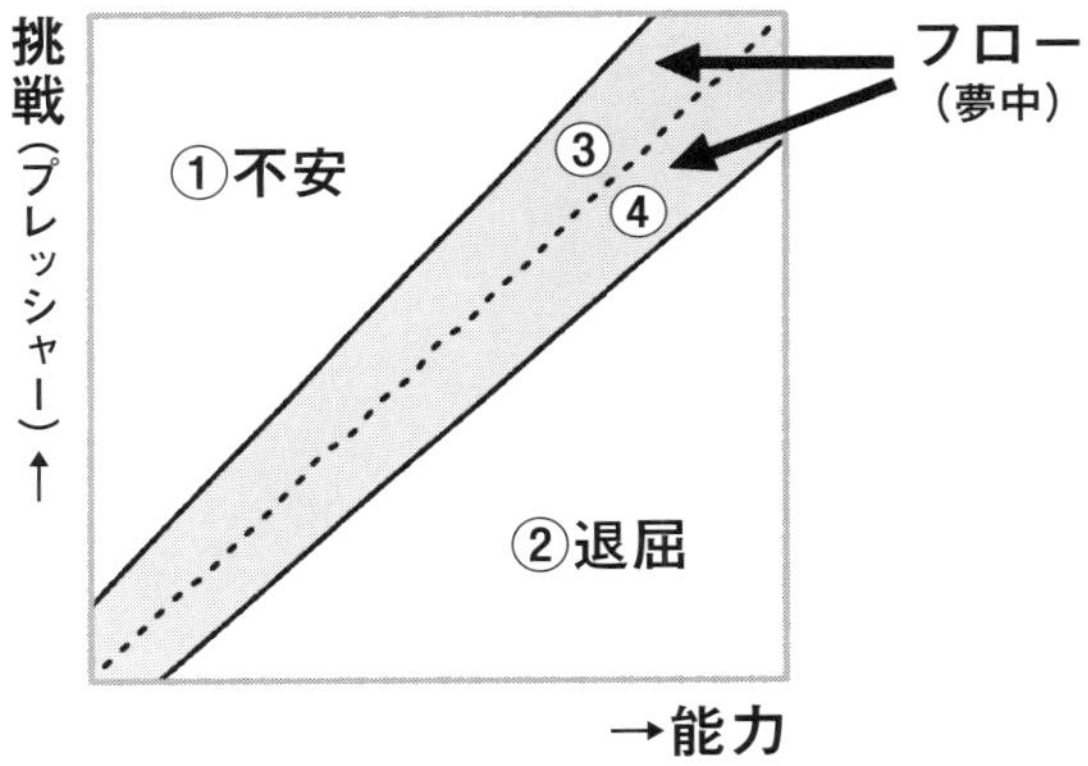

ミハイ・チクセントミハイ『フロー体験 喜びの現象学』を参考にアレンジ

体験　喜びの現象学』（世界思想社）という著書にひとつだけ出てくる図表を少しアレンジしたのがこのシンプルな図です。

アレンジとして、フロー状態の真ん中に勝手に点線を引いてみました。③と④ではちょっと意味合いが違っているからです。

③は、能力よりちょっとだけ挑戦している状態。背伸びをして新しいことにチャレンジしている場合です。

④は、挑戦より能力のほうが少し高い状態。職人さんがいつもの作業を集中してやっているようなイメージです。

図の見方がだいたいわかってきたところで最初の問いに戻って、**自分は今、この図のどこにいると思いますか？**

会社から与えられた目標を達成できないことが続いて夜も眠れないなら、不安ゾーン。

組織の歯車になっているだけでつまらないと思っているなら、退屈ゾーン。

そんな感じで自分のポジションがわかったら、次は**「どうすれば夢中ゾーンに近づけそうか」**を考えます。

実は、この効果がものすごいのです。

チクセントミハイさんが来日したときのインタビュー記事で、こんな事例が紹介されていました。

125年間赤字続きだったスウェーデンの州営交通会社がありました。外部から採用した人事担当が、マネジャー全員にそれぞれメンバー3人を選ばせて、4人グループをつくらせました。そして「2週間ごとに必ず3人のメンバーと面談する」ようにしたといいます。その際にマネジャーは、「メンバーが仕事に飽きていないか」「不安を感じていないか」「フローでいるか」などをヒアリングして記録し、それに基づいて、それぞれのメンバーに合う仕事や仕事環境、必要なトレーニングなどを調整しました。

面談のやり方については詳しく書いてありませんでしたが、想像するに、さっきの図を一緒に見ながら、「今、自分はどのあたりにいると思いますか?」と聞いたりするのでしょう。

さらに妄想を膨らませてみます。

「目標が高すぎて不安ゾーンだ」という人に「どうすればフローゾーンに近づけると思う？」と聞いたら、「こんなトレーニングをやれば能力が上がりますかね〜」とか、「ちょっとだけ目標を下げたら心理的にラクになって伸び伸びと仕事ができそうです」みたいなハナシになりそうです。

逆に、「退屈ゾーンだ」という人に「フローゾーンに近づくには？」と聞いたら、「こんなチャレンジをしてみようかな」といったハナシになるはずです。

出てきたアイデアをモトに、マネジャーは「私に何かできる支援はありますか？」と尋ねます。そこで「こんな支援をしてもらえると助かります」「わかりました。その支援、やりましょう」となれば、新しいアクションのできあがりです。

これを私は勝手に「フロー面談」と呼んでいます。

記事の続きによると、「フロー面談」を1年間続けたところ、その会社はなんと「翌年に黒字化」したというのです。125年も赤字だったのに。しかも配置転換などは行わず、**今までの業務をやっているだけなのに黒字になった**のだといいます。

もしかすると、そういうお役所的な会社では、多くの人が「退屈ゾーン」にいたのかもしれません。ちょっとしたきっかけで、みんなが「何かやってみようかな」という気になって自発的にやり始めたら、仕事が楽しくなってきて、あっという間に業績が上がったのだと考えることは可能です。

このフロー面談、いろんな人にオススメしています。実際に会社でやってみた人に聞いてみると「好感触だった」と言われます。人間、自分が夢中になれる支援をしてもらえるというのは、気分がよくなるものです。

フロー図（図1）は、もちろん「セルフ診断」でも使えます。私はいつも自分がどこにいるのかを意識するようにしています。フロー図の上を右往左往しているコビトみたいな自分を、上から眺めている感じです。「おー、今は不安ゾーンにいるな」とか「ちょっと退屈ゾーンに入りつつあるな」というのを客観的に見ながら、その気分を意識的に味わうようにしています。

フロー診断（セルフ）、フロー面談をして、モヤモヤの原因を突き止めよう

よくあるモヤモヤ①

がんばりすぎて燃え尽き症候群

働き方を考えるにあたっては、**「人生の中で夢中ゾーンに入っている時間の割合をいかに増やせるか」** ここがキモです。

不安ゾーンや退屈ゾーンにい続けることに慣れてはいけません。

「でも仕事なんてそんなものじゃないんですか」と言う人もいます。

しかし **「仕事なんてそんなもの」という割り切り意識は、モヤモヤを濃くする**原因になります。

なぜか。

たとえば、高すぎる目標を背負った営業パーソンなどが「仕事なんてそんなもの」と自分に言い聞かせて不安ゾーンで無理をし続けると、どこかのタイミングでキモチが切れてがんばれなくなるということがあります。いわゆる燃え尽き症候群というやつです。

フロー図にあてはめてみましょう。

図2 燃え尽き症候群をフロー図で考えてみると

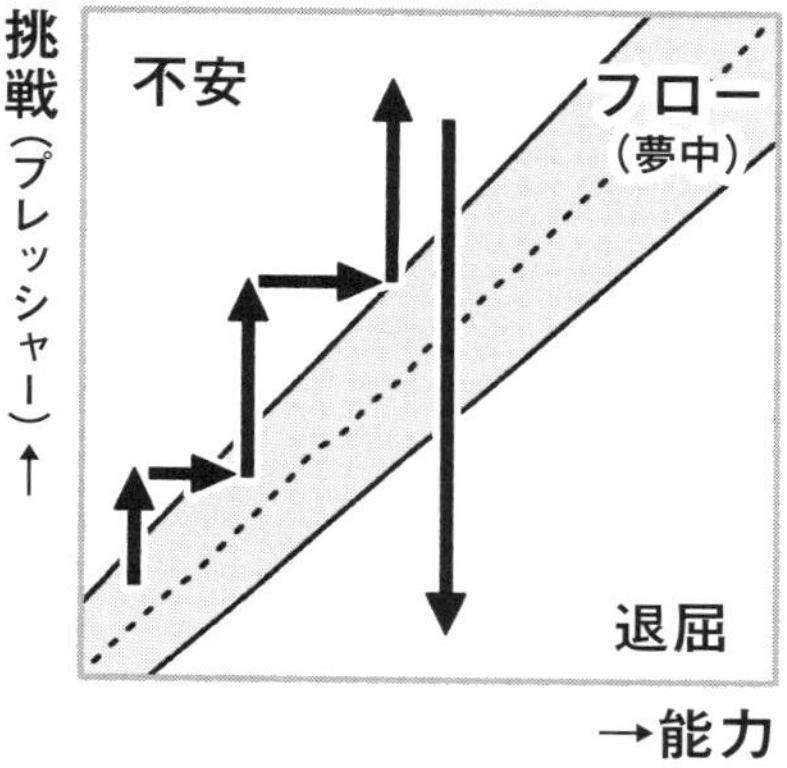

やったことのない目標を背負うと「不安」になります。やっていくうちに能力が上がって目標を達成できるレベルになると「フロー」に入りやすくなります。達成すると目標が上がり、また「不安」ゾーンに突入します。

これを繰り返していくうちにどんどん目標が上がっていって、あるとき、挑戦するキモチが切れた途端、図でいうと「挑戦」の位置がドンと下がって、不安ゾーンから退屈ゾーンに突入するわけです。

つまり、高すぎる目標を「必死」で追っている場合、**やる気を出せば不安ゾーン、やる気をなくせば退屈ゾーン**ということになります。

必死と夢中は違います。**「必死」は、必ず不安か退屈に向かうモード**なのです。

「仕事なんてそんなもの」と思っていると、そこから抜け出す道が見えなくなってしまいます。

では「夢中」を目指すために、どうするか。

もし「挑戦」のプレッシャーが強すぎるのがパフォーマンスを下げている原因だとしたら、一時的に目標を下げてもらうという選択肢も有効かもしれません。ただし、安易に挑戦をやめるクセがつくと、やっていることにすぐ飽きて、退屈ゾーンに入りやすくなります。

なので、基本的には「能力」を高めることを考えます。上司や同僚に聞きに行く、本を読む、勉強会に参加する、繰り返しチャレンジすることなどで、夢中ゾーンに近づくことはできます。

また、高すぎると思われる目標自体を下げてもらえなくても、自分で小さな挑戦を考えて「まずはこれを達成しよう」と取り組むことで夢中ゾーンに近づくことはできます。これを**「難易度のチューニング」**といいます。

このようにして、常に自分が夢中ゾーンにいられるように、挑戦と能力のチューニングを変えながら過ごす。これが、夢中ゾーンの割合を増やすコツです。

不安ゾーンで無理をし続けているときは、難易度のチューニングをしよう

よくあるモヤモヤ②

「退屈ゾーン」にどっぷり

「不安ゾーン」に居続けるのは燃え尽きのモトですが、ある意味でそれより恐ろしいのが「退屈ゾーン」の常態化です。

調子よく伸びてきた会社が伸び止まるときは、社長が事業に飽きているパターンが少なくありません。そんな例をたくさん見てきました。不安ゾーンにいながら成長していく人はいますが、退屈ゾーンにいながら成長していく人にはお目にかかった記憶がありません。

仕事に「飽きない」ことが大事です。

「飽きない」といえば印象に残っているのが、現役時代に天才プレーヤーと呼ばれていたサッカーコーチにインタビューしたときのこと。

仲山：「天才プレーヤーと呼ばれるのって、どんな感じなのでしょう？」

天才：「天才と呼ばれている人のほとんどがそうだと思うんですけど、努力の天才なんです。

同じことをずっとやっていると、ふつうの人は飽きるけど、飽きずにずっと続けられるんです」

仲山：「ふつうの人は同じことを繰り返していると感じるけど、天才は新たに違うことをやっている感覚をもてているということでしょうか？」

天才：「そうそう。ちょっとずつ違うんです。納得いくまでやるとか、もっとうまくやる方法はないかとか」

仲山：「たとえばドリブルだったら、どういうレベルで『違う』のですか？」

天才：「公園のグラウンドに、石とか枝が落ちているでしょ。あれを全部カンペキにかわすの」

仲山：「その石って、どのくらいのサイズからですか？」

天才：「見えるやつは全部。だから、数センチ単位でボールをコントロールしないといけないんですよ。パスもそうです」

仲山：「パスだとどういう？」

天才：「ディフェンスが精一杯足を伸ばしたときに、そのつま先の5センチ先にパスを出すようにするんです。それ以上離れちゃうと、ディフェンスは足を出さずに後ろへ戻ろうとするから守備を遅らせられない。でも、5センチ先だったら、思わず足を出すから『死に体』にできるんです」

仲山：「5センチ先!?」

天才：「しかも、相手にパスカットできそうと思わせるために、モーションは届きそうなところに蹴るように見せかけます。そうしておいて、インパクトのときに角度をちょっとずらして触れないコースに蹴るとか、インパクトのときにちょっとスピードを早くするとか、5センチ先でもいろいろ試します」

仲山：「ほええ」

天才：「シュートも、理想はゴールポストの内側に当たって入ることでしょ。だから狙って何回も練習していました」

仲山：「それはいくら時間があっても、飽きそうにないですね」

天才：「そうですね。練習場もう閉めるよ、って言われるまでやっていましたから」

単位が数センチって、すごすぎます。

天才というのは、**「飽きずに夢中でやりすぎた人」**のことなのです。

子どもが新しいおもちゃで遊ぶときのように、新しい物事には誰でも夢中になれます。

しかし、すぐに飽きて次から次へと新しい物事に移っていくということを繰り返していると、深まりません。

大成する人は、いったんハマったもので細かいところに興味をもち続けられる人。どんどん深掘り（挑戦）をしたくなり、ひとつの物事に対して**夢中が長続きするから大成する**のです。


ある人はこのことについて**「解像度が高い」**という表現をしていました。

解像度が高いと細部までハッキリ見えるわけです。細かいところの違いがわかるから、飽きない。解像度が低いと大雑把にしか見えないから、興味をもち続けにくくなります。

自分にとって最も解像度の高いジャンルを見つけよう。やればやるほど深みを感じておもしろさが増す分野を見つけて、深掘りしすぎよう。

退屈ゾーンを抜け出して、夢中で何かを**やりすぎよう**

仕事を遊ぼう

難易度をチューニングする

友人の家に遊びに行ったときのことです。友人の子どもが「これで遊ぼう」と、ドラえもんの人形を箸でつまんで積み重ねるゲームを持ち出してきました。

これがむずかしい。大人たちはチャレンジしていましたが、みんな全然できなくてつまらないから、誰かが「とりあえず手でやろうよ」と言い出しました。

手でやれば箸を使うよりはできるんです。しばらくしてドラえもんが3～4段、積み上がりました。それで慣れたらまた箸に戻ってやってみる、ということをしているうちに、上達して箸でも積めるようになっていました。

挑戦の難易度が高すぎてつまらなかったから、**楽しくできるところまで難易度を下げた**わけです。難易度を下げて、一度できるようになってしまうと飽きるので、**さらに難易度を上げて遊ぶ**ようになり、それをやっているうちに上達していく、ということが自然に起こりました。遊びだと、こういうことがよくあります。

でも、仕事ではどうでしょうか。

「やれ」と言われたことをそのまま「つまんねーな」「できねーよ」なんて思いながらずっとやっていて、結局全然できるようにならなかったりします。これはもったいない。

夢中になるのに、むずかしいことを考える必要はありません。**仕事を遊べばいい**のです。

ドラえもんの例のように、遊びについての難易度のチューニングは、子どもの頃から身に染みついているはず。自分の子ども時代の遊び方を思い出すと、仕事のヒントになるかもしれません。というわけで、自分のことを思い出してみます。


小学3年生のとき、『キャプテン翼』の影響でサッカーが流行って、どんどんハマっていきました。

サッカー少年団のようなものはなかったので、放課後に遊びでボールを蹴っていました。毎日集まる人数も違うし、来る時間や帰る時間も人によってバラバラ。練習という概念もないので、チーム分けして試合をやり続けるわけですが、5対0くらいの一方的な展開になると、負けているほうのやる気がなくなって、全体として楽しくなくなります。ヘタすると「つまんない」と帰っちゃう友だちが現れます。それだと困るので、バランスを考えてチーム替えをしたり、ハンデになるルールを考えたりする難易度のチューニングをやっていた記憶があります。

目指すところは、みんなが家に帰る時間になるまで夢中になれて、「あー、楽しかった。また明日も来たい」と思える状態です。人が集まらないと、サッカー遊びが長続きしないからです。当時の最大のライバルは、テレビゲーム。強敵なのです。

そうそう、ゲームと言えば、ロールプレイングゲームってありますよね。

経験値を積まずにボスキャラに挑むと、簡単にやられてしまいます。そこで、戻って経験値を積み始める。地道で退屈な作業を黙々と続けるうちに、いつしか経験値を上げることが目的化して、必要以上にレベルアップする。その結果、夢中になれるヤマ場であるはずのボスキャラとの闘いが「退屈」化してしまった……。そんな体験をしたことがあります。

仕事に置き換えて考えると、**「スキルアップ自体が目的化していて退屈そうに働いている人」**といったところでしょうか。

でも、そういう人って意外と少なくなさそうな気もします。もったいない……。

しかもそういう人は、失敗したくないから挑戦はしない。何事も、能力が十二分に高まってからでないとやろうとしない。だからずっと退屈ゾーン。**もったいなさすぎ**ます。

「加」ステージでの「できることを増やす」とは、「何でもできるレベル99を目指す」ということではありません。あくまで、**自分の凸と凹をハッキリさせるためのベースづくり**として、いろんなことにチャレンジしていくステージです。次に進むための経験値を十分に積んでいるのに、**いつまでも「加」ステージにとどまっていてはいけません。**

というわけで、遊びだと、不安すぎるレベルの挑戦はしないし、退屈になったら次の遊び方に進むので、夢中になりやすいわけです。

だから夢中で遊ぶ人は、上達しやすい。

遊ぶように仕事ができれば、上達しやすい。

仕事を遊ぼう。

むずかしい仕事をグチったり悩んだりするかわりに、今すぐ遊び方を工夫しよう

そもそも「楽しい仕事」なんてあるのだろうか

仕事を因数分解する「仕事＝作業×意味」

「仕事を遊ぼう」なんてことを言うと、「いやいや、そうは言うけど、世の中にはつまらない仕事というものもあるのでは？　楽しい仕事なら夢中になりやすいですが、今の仕事で夢中になれるイメージはもてないですよ」というコメントが返ってくることがあります。

ここでいう「楽しい仕事」とは何なのでしょう。

よく本なんかを読むと、「楽しい仕事というのがあるわけではない。目の前の仕事を本気でやれば、楽しくなる」などと書かれています。そのとおりだと思いますが、それを鵜呑みにした感じでガマンしながらやるだけなのも落とし穴があるように思うので、少し深掘りをしたいです（根性論にならなくて済むようにしたい）。

いきなり夢も希望もない話をするようですが、私は**「あらゆる仕事は作業」**だと考えています。

どういうことか。

重いものを持ち上げる仕事は「筋細胞を動かす作業」ですし、企画を考えるのは「脳細胞を動かす作業」。そういう見方です。

あとは、その作業にどんな「意味」を見出しているのか。

その「作業」と「意味」のふたつが仕事の要素です。それを、

仕事＝作業×意味

と表現しています。

自分にとって「好みの作業」をしていると、人は楽しいと感じます。サッカーが好きな人は、ボールを蹴っている作業を楽しいと感じます。妄想が好きな人は、じっと座ってボーっと考え事をしている作業を楽しいと感じます。

反対に、「好みでない作業」をすると、楽しくありません。ボールを蹴ると足が痛くてツライという人、じっと座ってボーっとするなんて苦痛すぎるという人がいます。

ひとつの仕事は、いろいろな作業が合わさってできています。

仕事を楽しくするためには、まず目の前の仕事をするにあたって**「好みでない作業を減**

らすこと」と**「好みの作業を増やすこと」**がキモです。

たとえば私にとっての「好みでない作業」は、

- 人前で話す
- 知らない人と話す
- 電話する
- 申請書などの事務手続きをする
- 混んでいるところへ行く（満員電車を含む）
- 試験などの対策をする
- やる気のない人を説得する

など。

そんな私が「講座をつくって、参加者を集めて、開催する」仕事をすることになりました。

「人前で話す作業」が好みでないため、人前に出ないで済む選択肢があればそれがいいのですが、当時の状況としては自分で出ざるを得ない。だったら「人前に出る」ところは受け入れて、「話さなくても済む」ようにする方法はないか……と考えます。そして、「参加者のみなさんが話しやすいお題をつくる」という方向性を数年がかりで探っていきました。

その結果、自分が「人前で話す」という作業をする時間をかなり減らすことができています。

むしろ減らしすぎて、馴染みのお客さんから「講師なのにしゃべらなさすぎ！（笑）」といじられるのがお決まりのパターンになっています。

なお、「お題をつくる」というのは、考えるのが好きな自分にとっては「好みの作業」です。やっていて楽しいので、一石二鳥なのです。

このように、「好みでない作業を減らして、好みの作業に置き換えていく」ようにチューニングができると、仕事は楽しくなっていきます。まずは自分の「好みでない作業」と「好みの作業」をきちんと把握しておくために、書き出してみるのがオススメです。

その際、「好みの作業」と「やってみたい仕事」が混同されがちな点に要注意です。

たとえば、「アイデアをカタチにするのが好きなので、企画部で仕事をやりたいんです」という人、よく見かけます（というか過去の自分）。

「アイデアを考えてカタチにする作業」は、企画部でなくても、どの部署のどんな仕事でもできること。しかも、企画部の仕事の中には思った以上に「好みでない作業」がたくさん混じっていたりします。それこそ、人前で話したり、膨大な事務手続きをしたり、やる気のない人を説得したりといった作業があるのです。

「世の中的に楽しい仕事と思われていること」と、実際の「自分にとって楽しい仕

事」はだいぶ違うのです。ですから、「やってみたい職種や部署」に憧れているヒマがあったら、今いる部署で頼まれた業務を、まずは選り好みしないでやってみる。その上で、**作業単位で「好み」と「好みでない」を分ける**のです。そうすると、今の業務でも「好みでない作業」を減らすやり方が見えてくるはずです。

大事なのは、**「好みでない作業」からは全力で逃げる**こと。

大事なので、もう一回言っておきます。**「好みでない作業」からは全力で逃げる。**

さっき、「安易に挑戦から逃げないこと」が大事だと言いましたが、ブレているわけではありません。挑戦から逃げるのではなく、「好みでない作業」から逃げるのです。

挑戦に含まれる「好みでない作業」を時間をかけながらチューニングすることで「好みの作業」に置き換えることができたら、挑戦そのものが楽しくなるのです。

「好みの作業」と「好みでない作業」を書き出してみよう

「プロセス目的」が仕事を楽しくする

「楽しい仕事とは何なのか」問題。

続いては、**「好みの作業をしているときの楽しさ」**を深掘りしてみます。

「水曜どうでしょう」というテレビ番組をご存知でしょうか？

タレントの大泉洋さんがブレイクするきっかけになった北海道のローカル番組で、全国のローカル局で再放送もされています。内容ですが、ベトナムをカブ（原付バイク）で縦断したり、ヨーロッパを車で横断したりするシリーズ企画があって、その過程がおもしろおかしく何週にもわたって放映されます。当然、ゴールになっている街を目指しているのですが、ゴールした瞬間に「ＥＮＤ」と字幕が出て終わっちゃうのです。そこがスゴい。

何がスゴいかって、ゴールは目標ではあるけど、目的ではないのです。

ゴールにたどり着いても、感動的なゴールシーンみたいな演出もないし、現地でのイベントの予定も特にない。ゴールは単に、企画の終わりを意味しているだけ。

つまり、**スタートからゴールまでの「おもしろおかしい過程そのものが目的」**なのです。

その点が、出張や行楽地への旅行とは全然違います。

「水曜どうでしょう」と「高速道路で行楽地へ行くこと」の違いを図にしてみました。

出張や行楽地へ行く人は、ゴールに到着するという「結果」を目的としています。途中のプロセスはないほうがよいと考えます。「どこでもドア」みたいに、あっという間に着いたほうがよい。

一方の「水曜どうでしょう」は、移動のプロセス自体を楽しみます。

図３ 「好みの作業」をするときは、プロセス自体が目的になる

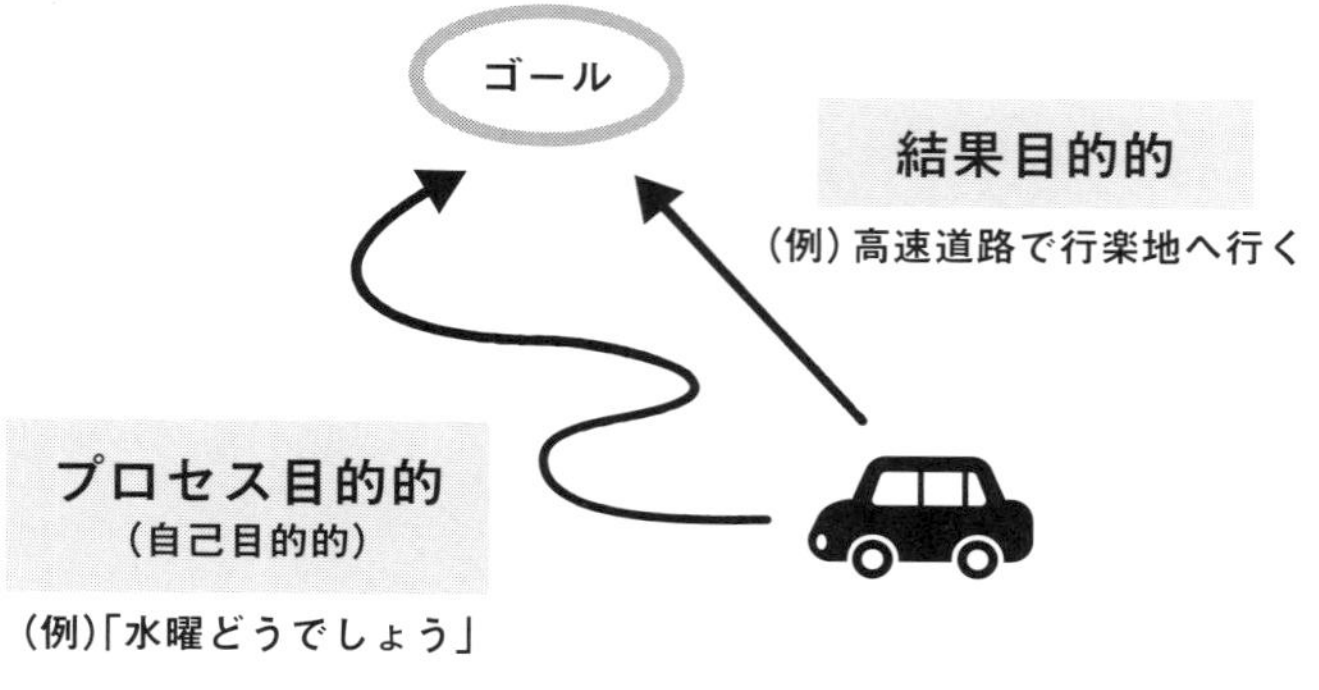

楽しみに行くために走るのか、楽しみながら走るのか

そういう違いです。

では、その違いにどんな意味があるのか。

フロー理論のチクセントミハイさんは、フローの要素として「自己目的的」という言葉を使っています。その作業をすること自体が目的になっているとフローになりやすい、というのです。

ただ「自己目的的」って言葉がちょっとむずかしいので、私はそれを**「プロセス目的的」**と呼んでいます。

プロセスに伴う作業自体が自分の「好みの作業」であり、楽しみなのです。だから、**仕事のプロセスの中にそういう「好みの作業」の割合をどれだけ増やせるか、**そこにどれだけ仕事を寄せられるか、のチューニングが仕事を楽しくするカギになるのです。

「水曜どうでしょう」を観たことがないなら、今すぐ観てみよう

目の前の「ニガテ」を深掘りすると「希少価値」につながる

ECコンサルタントとしてネットショップ運営者さんをサポートしていたときのことです。

コミュニケーションの手段は、基本的に電話でした（補助的にメール）。

「電話ニガテ……」と思いながらたどたどしくやり始めて数をこなすうちに、多少は慣れていきました。

ただ、担当店舗数が100社を超えていたので、電話とメールだけでは限界があります。そんなある日、開発スタッフが「自分の担当店舗さんにメルマガを出せるツール」をつくってくれました。

もともと電話が「好みでない作業」なこともあり、メルマガを出してみることに。とは言え、メルマガはたくさんの人に向けて書くのだから、「好みでない作業」の「人前で話すこと」と通じる部分があるようにも思えます。

ところが、やってみてわかったのですが、メルマガを書くことは「好みの作業」でした。

どういうことか。

私の「好みでない作業」は、正確には「人が見ている前で声を出して話すこと」だったのです。だから、「大勢の人に向けてメールを書く」のは苦ではないどころか、むしろ楽しかったのでした。

こうして、どんな業務でもやりながら分解していくと**「好みでない作業」「好みの作業」「どちらでもない作業」**の3つに分かれることに気づきました。

適切に分解さえできれば、たとえニガテなコトでも**「好みでない作業」を避けながら「好みの作業」に寄せていくチューニング**は工夫次第で可能です。

ちなみに、メルマガはうまくいったのですが、そこには、その前にニガテな電話の量稽古をしていたことが効いています。毎日、電話でお客さんとハナシをしていて何を話すと相手がどんな反応をするのかはつかめていたので、「メルマガにはこんなことを書こう」と決められたのです。ニガテなことも選り好みせずにやることって大事です。

ただ、工夫した上でもやっぱり「向いていない仕事に配属された」と嘆く人はいるでしょう。あまり人には話したことがないのですが、むしろ**「最初にニガテな仕事に就く」ほうがチャンスなのではないか**と思っています。

なぜか。

「人前で話すのが得意」な人がいるとします。

向いていそうな職種を考えて、講師業をやることにしました。いかにも強みを活かせそうな選択に見えます。

ところが、いざ始めてみると、講師業界には自分と同じような人がうじゃうじゃいるどころか、自分よりずっと「しゃべりがうまい人」だらけなのです。強みというのは相対的な面があるので、業界では「人前で話すことが得意」というのが強みにならなくなってしまう――。最初から自分の得意そうなところへ行ってしまうと、この落とし穴にハマりやすい気がします。

逆に「人前で話すのがニガテ」な人が講師の職に就いてしまい、逃げずに「好みでない作業」をチューニングして「好みの作業」に置き換えていくことで、「しゃべらない講師」というスタイルを確立することができたらどうでしょう。講師の言葉数は少ないのにグループワークのお題が絶妙で、参加者は初対面なのに会社の同僚ともしたことがない深いハナシを自然にできてしまう、というような。そうなると、業界の中でも**希少性のある強み**になるかもしれません。

口下手な達人セールスマンの本などをよく見かけます。もし最初から「人前で話すことは向いていない」「知らない人と話すのはニガテ」と逃げていたら、「しゃべらない講師」とか「口下手なセールスマン」というプレースタイルを強みにできることはなかったわけです。

目の前のニガテ業務を深掘りしておくと、あとでよいことがあるのです。

あるサッカー指導者が、ユース年代の代表チームについて、こう言っていました。

「アジアでは、日本は強みを発揮できれば勝てる。でも世界では、弱みがあるとやられる。**ニガテなことを放置しておくと、上のレベルに行ったときに通用しなくなる**。それに気づいてから修正するのは大変だ」

「加」ステージのうちに、ニガテを深掘りしておくことの大事さを表すエピソードです。

ニガテを深掘って、弱みとの向き合い方を身につけておこう。

ニガテな仕事は、「好みの作業」に置き換える腕を磨くチャンスなので、喜ぼう

働く「意味」を深掘りしよう

働く動機（メリット）は6種類

ここからは「仕事＝作業×意味」の「意味」のハナシに移りましょう。
働く理由についての研究はだいぶ進んできて、6種類に集約されると言われています。

①楽しいから
②社会的意義があるから
③成長可能性があるから

この3つはポジティブな理由です。あとの3つはネガティブな意味合いのもので、

④感情的プレッシャーがあるから（やらないと怒られる・嫌われる・バカにされるから）
⑤経済的プレッシャーがあるから（やらないとお金がもらえないから）

図4　働く動機（メリット）は6種類

⑥惰性（昨日もやっていたから）

前者の3つを動機に仕事をしているとパフォーマンスが上がり、後者の3つを動機にしているとパフォーマンスが下がります。

「楽しさ」「社会的意義」「成長可能性」というポジティブな動機は仕事内容とリンクしているのに対して、「感情的プレッシャー」「経済的プレッシャー」「惰性」というネガティブな動機は仕事内容とリンクしていないからです。

3つのポジティブ動機は、全部あてはまる人のほうが長期的なパフォーマンスは高まります。なので、どうしたら前者3つすべてを仕事の原動力にできるかを考えて、**仕事に「意味づけ」をしていく**。それが、楽しく仕事をするコツです。

逆に、モヤモヤしながらしぶしぶ現状に甘んじて働き続けている人たちを、この6つの動機にあてはめてみるとどうなるか、考えてみましょう。サラリーマンだけではなく経営者でも、今の商売をしんどいと思いながらずるずると続けてしまっているような場合は同じです。今あるレールから外れる勇気をもてない人たちは、どんな動機で働き続けているのでしょうか。

「①楽しさ」は感じられずに退屈または不安にしているだろうし、「②社会的意義」というところでは会社の理念がハラに落ちた状態で実践できてはいないだろうし、「③成長していけそう」という実感もないでしょう。

おそらく、マイナス評価されたら困る（④感情的プレッシャー）、給料が下がったら困る（⑤経済的プレッシャー）、ということを原動力にして何とかがんばりつつ、こんなにがんばっているのに給料がそれほど上がらないという不安も抱えていて……。

それでも自分で現状を切り開いていくのは大変なので、目の前にレールがあるうちはそれに乗っかっておこうというキモチ（⑥惰性）でいる。そんな感じでしょうか。

フロー図（23ページ参照）で言うと、退屈ゾーンにいるとか不安ゾーンにいるとかいう単純な話ではなく、もっと複雑な、「今日の仕事は退屈だけど、明日以降のことは不安」という「退屈×不安」な状態で仕事をしているのではないかと推測します。

「働く理由は食べるため」というところで
思考停止するのはやめよう

ポジティブ動機3点セットを揃えるには

働く動機を「①楽しさ」「②社会的意義」「③成長可能性」のポジティブ3点セットにする。これ大事です。実際に3つ揃うと、仕事が楽しくてしかたがなくなってしまうのです。

私は、大きな会社から20人のベンチャー企業へ転職しました。

入社後ほどなく、事業が伸び盛りのステージに入って、業務量が半端なく多くなりました。もともと右も左もわからない分野だったのですが、まだ部署も分かれていなくて全員で電話をとったりメール対応したりするうちに、全体像がわかるようになっていきました。楽しいとか楽しくないとか言っている余裕もないくらい忙しくて、毎日があっという間に過ぎていくようであり、一日がものすごく長いようでもあるヘンな感覚でした（のちにそれがフロー状態に入ったときの時間感覚だと知りました）。

3ヵ月ほど経ったとき、気づけば初めて先輩に質問することなく一日を終えることができました。「あ、成長できているかも」と思えました。

そのうち、あるお客さんから、「この前のアイデア、やってみたら手応えあったよ。ありがとう！」というメールが届いたのです。それで「これは楽しい！」と、どんどん仕事にのめり込んでいきました。

私は、このような**「お客さんからのありがとう」**を**「魂のごちそう」**、略して**「たまごち」**と呼んでいます。あまりのおいしさに「たまごちジャンキー」と化してしまいました。たまごちほしさにいくらでもがんばれるというか、本当に仕事が楽しくなってしまったのです。

このエピソードを整理すると、転職数ヵ月で、

- 「たまごち（②社会的意義）」をもらえるのが「①楽しい」し、
- いつの間にか成長できている（③成長可能性が感じられる）

というポジティブ3点セットが揃った状態に自然となれていたことになります（ラッキー）。

では、どうすれば3つ揃うのか。

「社会的意義」というと、何か大きな社会問題を解決することのようなイメージがありますが、そんなに大上段に構えなくても、**「他者との関係において価値がある」**くらいの理解でよいと思っています。**お客さんが喜んでくれたら**（「たまごち」をもらえたら）、**その仕事に**

は社会的意義があるといってよい。

「たまごち」をもらうと、夢中スイッチが入ります。

これまでに、そういう人をたくさん見てきました。

お客さんから一通の「ありがとうメール」が届いて飛び上がるほどうれしくなったり、思わず泣いちゃったり、「自分のやっている商売がこんなふうにお客さんの役に立っているなんて！」という気づきを得たりします。

そして、今まで「単なる数字」か「のっぺらぼう」のように思えていた「ユーザー」のことを、「一人の人間としてのお客さん」だと思えるようになります。そうなると夢中スイッチがオンになって、それまでは「食べるため」に働いていたのが、「お客さんに喜んでもらうため」に変わるのです。

こうなると、ポジティブ動機3点セットがいつの間にか揃った状態になります。

一人でいいから お客さんに喜んでもらえる仕事をしよう （単なる値引き以外で）

「加」ステージのゴールは、「お客さんのプロ」

楽天に転職したばかりの頃のハナシの続きです。

そんなふうに仕事がおもしろくなってきた頃というのは、フロー図でいうと挑戦よりもちょっとだけ能力が高い、つまり余裕のできた状態です。それまではまったく余裕がなかったのですが、初めて本を読むくらいの時間的・精神的余裕ができました。

すると、先輩の机の上におもしろそうな本があることに気づきました。そんな流れで「これ、おもしろいよ」と勧められて読んだトム・ピーターズ著『ブランド人になれ！』（CCCメディアハウス）という本には、こう書かれていました。

「お客さんとともに生きろ」と。

お客さんと膝を突き合わせて話し合い、寝ても覚めてもお客さんのことを考え、顧客満足熱にうなされ、苦楽をともにしろと。そうすれば「ブランド人」になれるよ、と。

それを読んで、**「おおお！・お客さんとともに生きよう」**と思いました（単純）。

さらに、あるとき社長が全社ミーティングで、「業務効率化は何のためにやるか」というハナシをしてくれました。

曰く、「みんなが業務を効率化しようとがんばってくれているのは知っています。ただ、そこで生まれた空き時間で社内の仕事を増やしている人が多いように感じます。効率化の目的は、顧客接触時間を増やすこと。お客さんとのコミュニケーションこそが価値を生み出します」と。

それを聞いて、**「おおお！　顧客接触時間をもっと増やそう」**と思いました（単純パート2）。

以来、「効率化→顧客接触時間を増やす→やりたい仕事が増える→効率化」のサイクルをひたすらぐるぐると回してみました。

週に4日間は講座をやり、たまに2泊3日の合宿をやり、懇親会で語り合う（といってもほぼ聞き役）というのをやりながら、空いた時間はメルマガに充てました（まだSNSどころかブログもない時代です）。そうやってお客さん（楽天市場の店舗さん）から直接聞いたおもしろいハナシ、参考になるハナシを発信し続けていると、読者である店舗さんからもそういうハナシが続々と集まるようになっていきました。情報を出すところに情報は集まります。

そのうち、社内の広報担当者から、「メディアから取材依頼が来たんだけど、おもしろい店舗さんがあったら教えて」と、最初に聞かれるようになりました。出店者向けカンファレンスの事務局からも、「店舗さんが何を聞きたいかわかってるでしょ」ということで分科会プロデュースを丸投げされ……もとい、全面的に任せてもらえるようになりました。

そうやって、「店舗さんにおもしろがってもらうための新規プロジェクトはとりあえずアイツに振っておけ」という立ち位置になっていった気がします。

よく言えば、「お客さんのプロ」として認知してもらえたということになるでしょうか。

そうやって認識されると、偉い人からも「最近、店舗さんの雰囲気どう?」などと聞かれることが増えていきます。

そういえば、新卒で最初に入った会社には**「情報の波打ち際に行け」**というフレーズがありました。「変化が起こったり何か新しいものが生まれたりするのは波打ち際だから、組織の内部にいるだけでは何もわからない」という考え方です。

組織が大きくなると、仕事ができる人はマネジャーになります。現場を離れてしまうことで、お客さんとの直接の接点が減ったり、なくなったりします。そうすると、配下のメンバーから聞くことになりますが、情報は誰かに編集された時点で「その人の主観」です。さらに、現場にいるのは経験の浅い若手だったり、迷える中堅や物言わぬベテランだったりして、そこから上がってくる「お客さんの情報」からでは、なかなか全体像をつかみにくかったりします。

そうすると、「ある程度の全体像を把握した上で変化の最前線（お客さんと会社の波打ち際）にたゆたっている人」というのは、社内的に希少性のある存在になってくるわけです。こうして「量稽古」をするうちに、ほんのりと強みらしきものが浮かび上がってきたのでした。

なお、「お客さんのプロ」と言うときの**「お客さん」**とは、「商品・サービスを買ってくれる人」という意味合いより、もっと広く考えます。

新卒で入った電機メーカーの新人研修で一番印象に残っている、**「次工程はお客さま」**という言葉があります。「工場では、ひとつの製品をつくるのにいくつもの工程がありますが、自分の次の工程はお客さまだと思って、次の人が作業しやすいように思いやりをもった仕事をしましょう。そして、それは工場だけじゃなくて、事務系の仕事でも一緒です」というようなハナシだったと記憶しています。すなわち、社内の人としか接することのないスタッフ部門の人にとっては、社内の人が「お客さん」。そう考えると、「お客さんのプロになる」というのは誰にでもあてはまるわけです。

お客さんとともに生きよう お客さんから聞いた情報を発信しよう

落ちている仕事は「気づいた者負け」で拾う

オフィスにゴミが落ちていたとき、拾って捨てる人と拾わない人がいます。

どっちが得なのでしょうか。

「どっちが得か」というのも変かもしれませんが、一般的に言うと拾わないほうがラクなので、得している感じがします。

ゴミを拾わない人は、なぜ拾わないかを考えてみます。

- そもそもゴミに気づいていないから
- 家にゴミが落ちていても拾わないタイプだから
- 家だと拾うけど、会社は「自分ごと」に思えていないから
- 自分の業務ではないから
- 面倒くさいから

といったところでしょうか。
逆に、ゴミを拾って捨てる人がなぜそうするかを考えると、

- ゴミに気づいたから（気づき力が高い）
- ゴミが落ちているとキモチ悪いから（清潔感度が高い）
- 会社が「自分ごと」に思えているから（「自分ごと」化力が高い）
- 自分の仕事だと思えているから（仕事のとらえ方が全体的）
- 別に面倒くさいとも思わないから（余裕がある）

ということになります。
つまり、ゴミを拾って捨てる人は、気づいちゃったし、そのままにしておくのはキモチ悪いから行動するわけです。

これを私は**「気づいた者負け」**と呼んでいます。**いい意味で**。
「いっつも自分ばっかりゴミ拾ってるな～」と思ったとしても、気づいちゃったし、気になっちゃうのだからしかたないのです。気づかない人や気にならない人には敵いません（笑）。

言い換えれば、気づくとか気になるというのは、**自分の「強み」**に関係している可能性があります。「気づく」ということは**「視点をもっている」**ということです。人は、視点をもっていないものについては見えません。

「気になる」ということは「反応が早い（反応閾値が低い）」ということです。ある刺激に対して、それが小さくても反応してしまう性質をもっているから行動を起こしてしまうのです。

さて、ここでゴミを「仕事」に置き換えて考えてみましょう。

こんなシーンを想定してみます（私の体験談です）。

あるとき、社内共有のメールで「明日、この文面でお客さん宛にメールを一斉配信します」とあったので、目を通した。サービス内容を変更するため、お客さんの理解を求める必要がある内容だったが、「この書き方だと伝わらない」と思った。担当者に伝えたら、「じゃあ書いてよ」と言われた。

この場合どうするかというと、「気づいた者負け」なので引き受けます（笑）。

「お客さんがその文面を読んでどう思うか（どうして伝わらないか）」という視点をもてているのは自分の強みですし、「どう書けば伝わるか」が多少は見えているのも強みです。もしそれで、伝わる文面をつくることまでやり切れば、「表現力」も強みと言えることになります。

担当者は、そのような視点をもっていないので「ダメなところ」が見えないのです。

こんなふうにして**「オフィスに落ちている仕事」を拾っていくと、「強み」が浮き上がってきやすくなる**わけです。

「気づいた者負け」で落ちている仕事を拾っていくと、いつか「拾った者勝ち」に変わるときがくるものです。

「加」ステージでは特に、どんどん拾っていこう。

落ちている仕事は「拾った者勝ち」
落ちてなくても気づいたら拾おう

「歯車仕事」から自由になる

一人プロジェクトを立ち上げよう

会社の急成長期のハナシです。スタッフの人数が増える以上のスピードで業務量が増えました。「モグラ叩き」のモグラを全然叩き切れないような状況になってきて、緊急な仕事に追われるだけでみんなキャパオーバーになり、そのまま毎日が過ぎていきます。これは業務の効率化をしなければ立ち行かない、というハナシを同僚みんなとした結果、社長に「部署を分けてほしい」と直訴しに行きました。そうしたら、社長の回答は「ノー」だったのです。

なぜか。

社長曰く、「だって、大きな組織で歯車みたいな仕事が退屈だからウチに来た人がほとんどなんだし、分業すると仕事の全体像が見えなくなるから成長スピードが遅くなるだろう。だからダメ」と。

歯車仕事が退屈って、まさに自分もそのクチ。メンバーみんな、納得して引き上げました。

しかし、その3ヵ月後にはさらに状況が進行して、いよいよ立ち行かなくなっていきました。

ギアチェンジしたみたいに急激な伸びでした。

そこで再度、直訴しに行ったのです。そうしたら、今度はオッケーが出て、部署ができて分業化されました。おそらく社長の中でも成長ステージの切り替わりを感じていたタイミングだったのかもしれません。

効率は劇的によくなりました。特に、後回しになりがちだった業務が、分業化されたことで着実に進むようになりました。緊急度が高くなかった業務を専門にやる部署ができたから、後回しにならずに済むようになったのです。

ただ、分業化はとてもうまくいったように思われたのですが——状況は常に変化します。新人が続々と入ってきたり、元々いたメンバーが新規事業へ異動したりするうちに、各部署に「分業化以前の時代を知る人」がいなくなってしまいました。入社して自分の部署だけしか知らない人ばかりになって、自部署の部分最適のために仕事を進めるようになっていったのです。しかも悪気なく。

社長が最初にノーと言った「成長スピードが遅くなる状況」が出現してしまったわけです。

分業化されていなかった時代のメンバーが各部署にいたときは、お互い全体像がわかっているので部分最適よりも全体最適で考えることが自然とできていたのです。

それが失われて初めてわかりました。元に戻せるなら戻したい……。

でも、いったん分業したものを統合するのは、今の部署しか知らない人にとっては、新たな業務が膨大に増えることにほかなりません。「元に戻す」と思えているのは、部署が分かれていなかった当時を知っている人だけなのです。

ああ、全体像って大事……。

そんなことを思いながら、3月に羽田空港に行ったときのことです。

保安検査場の同じ列に、「ダウンジャケットを着込んだ人」と「半袖、短パン、ビーチサンダルの人」が混ざっていました。北海道に向かう人と、沖縄に向かう人です。

私も含めて多くの人は、その中間の「春らしい格好」をしています。「この気温でダウンジャケットを着たら暑いだろうに」「半袖短パンは寒いだろうに」と思うわけです。

空港内はまったく同じ気温なのに、「未来も含めた全体像」が見えていると、人は暑さも寒さも平気になるのです。もし行き先を告げられず、ダウンジャケットまたはビーチサンダルを渡されて「着替えて」と言われた人がいたら、「こんな苦行、勘弁してください」と思うはず。

部分しか見えていない人と全体が見えている人は、これくらい違いが出るのです。

全体が見えると **「つながり」** がわかるようになります。

つながりがわかると**「工夫」**ができるようになります。
工夫ができると**「責任」**をもてるようになります。
責任をもてると**「成長スピード」**が速くなります。

「目先の効率化のための分業」によって失われる「全体像が見えなくなるマイナス」の大きさを理解してこそ、真の「効果的な分業」ができるようになります。

これも「加」ステージのうちに身につけておきたい視点です。


では、「すでに大きくなってしまっている組織に入った人」はどうすればよいでしょう。

すでにでき上がった組織の中で、全体像を把握しながら自分で工夫する体験をするには、やはり何かの新規立ち上げプロジェクトに加わるのがよいと思います。今まで見てきた中で、組織が大きくなった後でも「全体像を把握しての仕事」を体験できる典型は「支社立ち上げ」です。少人数で、みんなで一緒になって手分けしながらひとつのもの（全体）を夢中でつくる体験をしたことで、成長できた人をたくさん見てきました。

私の場合は、楽天大学の立ち上げで、「自分で講座をつくり、自分で売って、自分で提供する」という一気通貫型の仕事を経験できたことが、極めて大きな財産になっています。事業にしても会社にしても、一度全体を理解すると、大きくなって分業化されてもそれぞれのつながりが見えるので全体像をイメージし続けられるようになります。

歯車仕事から自由になるために、まずは**「全体像が見える小さな仕事」**にありつきたいものです。

そういう意味で言うと、実は新規プロジェクトに任命されなくても、今、目の前にある業務を**「一人プロジェクト」**として位置づけることができれば、誰にでもすぐに始められます。「書類のフォーマット改善プロジェクト」でもいいし、「わかりやすい商品説明ツール開発プロジェクト」でもよいわけです。

一人で全部やるプロジェクトを手がけてみよう。

まずは自分でつくって、自分で売って、自分で届けてみよう

「やりたいことがわからない問題」への対処法

「展開型人生」のすすめ

「やりたいことがわからない」という相談を受けることがあります。

この場合、ほぼ確実に「加」ステージです。

だから、ひたすら目の前のことをやればよいのですが、本人はモヤモヤしてしまって夢中ゾーンに入りにくい状態のことが多いです。そこで「加」の章の最後に、**「やりたいことがわからない問題」から自由になる**ヒントについて触れておきましょう。

私は大学4年生のときに司法試験を受けて、落ちました。

司法試験は浪人して受ける人も多いですが、浪人してまで試験に合格したいのかと考えてみました。元々、法学部に入ったらレールの先に司法試験があったので、やってみようかなと思ったぐらい。

しかも、自分は受験勉強がキライだったな、ということを思い出しました（遅）。大学に入るときは、指定校推薦で面接だけ。大学時代は司法試験の予備校に通っていたのですが、「論文試験ではこの有力説を批判して、通説で書いてください」という試験対策的な割り切った感じがどうも肌に合わず、模試も受けずにぼんやりと過ごしていました。

それで「やめよう」と思って、就職活動をすることにしました。

ただ、当時は就職氷河期。新卒でないと就職できないと聞き、親にお願いし、自主留年して大学5年生になりました。

まったく就職は考えていなかったので、やりたいことなどわかりません。

しかも、面接対策ができていなさすぎ。「ウチが第一志望ですか？」と聞かれて、バカ正直に「特に第一志望の会社があるわけではなくて……」と答えていました。また、「『ありがとう』と言われる仕事がしたいんですけど、できますか？」という青すぎる質問をして、何人もの面接官に鼻で笑われました。

そういう面接を繰り返した結果、50社くらい落とされました（笑）。

幸いなことに、内定を出してくれた会社が3つあり、そのうちの2社で迷いました。一方はJリーグクラブの胸スポンサーで、もう一方はマンチェスター・ユナイテッドの胸スポンサーでした（当時）。「ここはやっぱりマンチェスター・ユナイテッドでしょう」という理由で、電機メーカーに入社してしまいました。

このように、私は、「自分で目標を定めて、それを達成するために対策をする」というのがニガテでした（司法試験にしても採用試験にしても）。

会社に入ってからは指示されたことをやればよかったので、ホッとしました。ただ、どうやら「夢や目標を掲げて努力し、達成する」というのは成功法則として常識らしいので、それができない自分はダメな人間なのだと思っていました。

ところがです。

あるとき、本を読んでいたら、こんなことが書いてあったのです。

「人には、目標達成型と展開型の2タイプがある」と。

展開型は、目標達成型とは真逆で、**ゴールやプロセスをあらかじめ計画せずに流れに任せて進んでいく**タイプだというのです。どっちがいいとかではなく、**どっちでもいい**んだと。

「この展開型って、自分のことだ！　目標達成型じゃなくてもダメ人間じゃなかったんだ！」と、自分を認めてもらえた感じがして力がわいてきました。

思えば、小学校のとき「将来の夢」に、「インターネットのベンチャー企業に入って、自由なサラリーマンになりたい」などとは書けないわけです（インターネットすら存在していなかった）。おかげさまで、昔の自分が思い描ける妄想以上に、おもしろいところに流れ着けている展開になっています。

もちろん、会社から与えられた目標がある場合は、達成できる方法を考えながら仕事を進めはします。ただ、人生で「やりたいことがわからない」とか「夢や目標がない」とモヤモヤすることはなくなりました。展開型でうまくやる方法を考えるのに夢中なのです（笑）。

展開型にとっては、**「今ここ」を夢中で過ごす**ことが、流れをよくする何よりの方法です。「やりたいことがわからない」としても、目の前の仕事を夢中でやって「加」ステージを楽しむことができれば、自ずと道は開けていくのです。

仕事で「やりたいことがわからない」と悩むのは時間のムダなので、やめよう

加→減

次のステージに進むための
持ち物リスト

必須アイテム

- □ フロー図
  - → 夢中（フロー）ゾーンに入れるよう、挑戦と能力のバランスをチューニングする力
- □ 仕事の公式「仕事＝作業×意味」
- □ 好みでない作業・好みの作業リスト
- □ ニガテ業務の深掘り経験
  - → 目の前の仕事に含まれる「好みでない作業」を「好みの作業」に置き換える力
- □ ポジティブ動機3点セット（楽しさ、社会的意義、成長可能性）
- □ プロセス目的的な仕事のしかた
- □ お客さんに関する知識（お客さんのプロと呼べるレベル）
- □ 効率化して顧客接触時間を増やす経験
- □ 気づいた者負けで拾ったゴミと仕事
- □ 一人で全部やるプロジェクト

不可アイテム（手放す必要があるもの）

- □「楽しい仕事をやりたい」という誤解
- □ ネガティブ動機3点セット（感情的プレッシャー、経済的プレッシャー、惰性）
- □「夢や目標をもてない自分はダメな人間だ」という誤解

STAGE2

減

強みを磨く

これまで「常識」だと思っていたことを手放そう

「加」ステージで、頼まれ事を引き受けたり落ちている仕事を拾ったりしながら、夢中ゾーンに近づく（い続ける）ためのチューニングを繰り返すうちに、ニガテな仕事が人並み以上にできるようになり、得意なことが見つかり、「たまごち」をゲットして仕事が楽しくなったこととと思います。

え？　まだそこまでは行っていない？

そうだとしたら、この章を読むのはキケンかもしれません。

引き返すことをオススメします。

「減」ステージは、「加」で培ったものを強みとして徹底的に磨くために、いらないものは捨てていきましょう、というハナシになります。

捨てていくのは、いわゆる「仕事の常識」というやつ。

従来の常識にしばられたままでは自由な働き方にはなれないということなのですが、「これまで常識だと思っていたことを手放す」にはかなりの勇気が必要になるはずです。「安定を捨てよう」「社内で評価されることをあきらめよう」「上司に許可を求めるのをやめよう」などという、一見すると不可解な話題のオンパレードになる予定です。

「加」で培ったものがないままに「仕事の常識」を捨てるのは、勇気ではなく無謀です。特に、多くのお客さんから「たまごち」をもらえた経験があるからこそ、捨ててもよいのは何かがわかります。

「たまごち？　何それおいしいの？」という人には時期尚早です。興味があるのでのぞいてみる、くらいなら構いませんが、決してまだ実行には移さないようにしてください（笑）。

「加」ステージで、仕事が楽しくなったけど増えすぎてキャパオーバーになって、この先どうしよう、という状態の方、お待たせしました。

「減」ステージに進みましょう。

「積みへらし」の作法

「他由」を捨てれば「自由」になる

知人から勧められて、岡本太郎さんの著書『自分の中に毒を持て』（青春出版社）を読んだとき、衝撃を受けました。1ページ目から、こんなふうに始まるのです。

人生は積み重ねだと誰でも思っているようだ。ぼくは逆に、積みへらすべきだと思う。財産も知識も、蓄えれば蓄えるほど、かえって人間は自在さを失ってしまう。過去の蓄積にこだわると、いつの間にか堆積物に埋もれて身動きができなくなる。

人生に挑み、本当に生きるには、瞬間瞬間に新しく生まれかわって運命をひらくのだ。それには心身ともに無一物、無条件でなければならない。捨てれば捨てるほど、いのちは分厚く、純粋にふくらんでくる。

今までの自分なんか、蹴トバシてやる。そのつもりで、ちょうどいい。

ふつう自分に忠実だなんていう人に限って、自分を大事にして、自分を破ろうとしない。社会的な状況や世間体を考えて自分を守ろうとする。

それでは駄目だ。社会的状況や世間体とも闘う。アンチである、と同時に自分に対しても闘わなければならない。これはむずかしい。きつい。社会では否定されるだろう。だが、そういうほんとうの生き方を生きることが人生の筋だ。

太郎さんの「積みへらし」という言葉は、減らすことで強みを磨いて自由を得るという「減」ステージにぴったりな表現です。常識では理解できないニュアンスまでぴったり。

その「減」ステージで選択と切り捨てをするときの基準になるものとして、「夢中3条件」があります。

この3つです。

①やりたい（プロセス目的的）
②得意（強み）
③喜ばれる（利他的価値）

「①やりたい（プロセス目的的）」は、前述の「好みの作業をやる（その作業自体が楽しいことをやる）」ということです。「水曜どうでしょう」の例を思い出していただければと。

図5　夢中になるための3条件

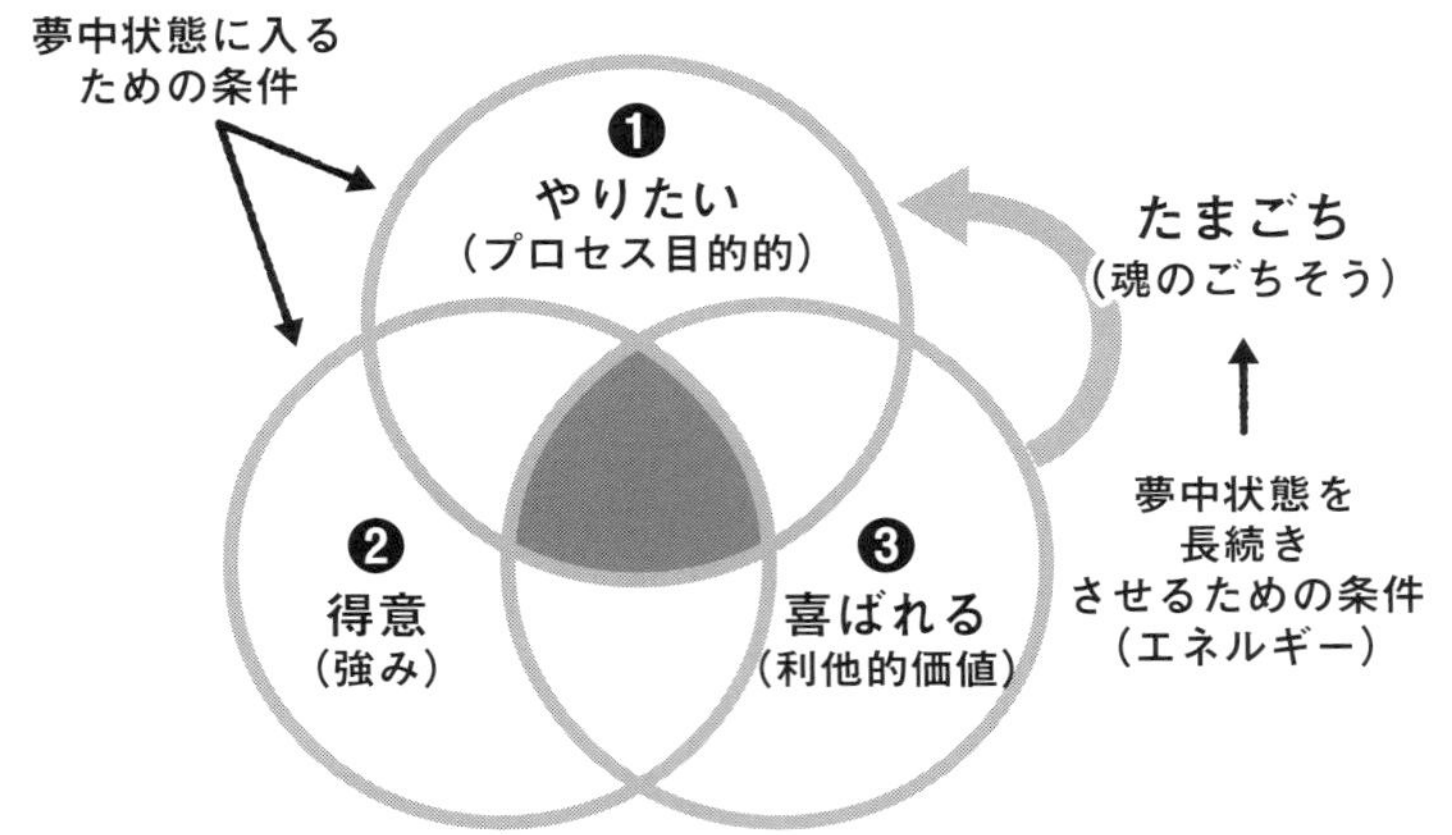

「②得意（強み）」は、「自分の得意なことをやっている」「強みを発揮している」という状態のことです。

①と②は、フロー図（23ページ）でいう夢中ゾーンに入るための条件です。「イヤイヤやっていること」や「自分の不得意なこと」では、どうしても夢中にはなれません。そういう意味合いです。

これに対して、「③喜ばれる（利他的価値）」は、「夢中な状態を長続きさせるため」の条件です。他者のためになる活動をやっていると、お客さんから喜びの声（たまごち）がもらえるのがうれしいから「やりたい」につながっていくわけです。ずっと続けても飽きないどころか、どんどん楽しくなっていきます。しかもまわりから「その活動は価値があるから続けてください」と応援してもらえるようになります。そういう意味で「たまごち」は、長続きのためのエネルギーになるのです。

この3条件のうち、ひとつでも欠ける仕事は捨てていきましょう。

全部、やめたり、手放したりします。

すなわち、「加」で増やした仕事の中から**「やりたくて、得意で、喜んでもらえる仕事」**だけに集中させていきます。どうしてもチューニングがうまくできない仕事は、ガマンしてまでやらない。好みでない作業をガマンしてずっと続けていると、顔に出ます。目が淀んできます。得意でないことは「ヘタの横好き」にすぎませんし、喜ばれないことは「自己満足」にすぎません。

また、3条件が揃っているように思えても、中途半端だと「器用貧乏」になりかねません。

減らすことで強みを磨いて自由を得るのが「減」ステージです。**捨てて自由になる方法**を全力で考えましょう。

その前提として、**「自由な働き方とは何だろう」**ということを考えておきます。

自由に働くというと、「好き勝手やれること」というイメージをもつ人が多いです。

でも、それは自由ではなく、単なるわがまま。この本でいう「自由な働き方」とは違います。

では、自由とは何か。

対義語から考えてみます。「自由」の対義語は何でしょう。

不自由？　束縛？　統制？　強制？

私は**「他由《たゆう》」**だと考えています（仲山の造語です）。

自分がやりたくてやる、つまり**「自分に理由がある」**のが**「自由」**。

他人がやれと言うからやる、つまり**「他人に理由がある」**のが**「他由」**。

他人からやれと言われたことでも、受け取って自分で意味づけをして「やりたい」と思うことができれば、「自分に理由がある」ことになります。「仕事＝作業×意味」の「意味」のところでポジティブな意味づけができて「自分ごと」になれば、不本意ではなくなります。そうなれば、**「自由に働けている」**と思いやすいのです。

逆に言うと、「〇〇しなければならない（must）」としか表現できないことは、選択肢がないので自由ではなく「他由」です。

自由な働き方をしている人は、「〇〇しなければならない」ではなく「〇〇したい」という表現を使います。

もし「must 表現」を使うときがあっても、「やりたくてしかたがないので、やらざるを得ないんだよね（can't stop ～ ing）」という意味合いです。

「減」ステージでは、どう考えても「他由」にしかならない仕事を思い切って減らして、「自由」な仕事だけにしていきます。また、仕事だけではなく、夢中ゾーンにい続ける（近づく）ことを妨げる「他由な価値観」も捨てていきます。

というわけで、ここからは「◯◯（他由な価値観）から自由になる」シリーズの始まりです。「常識的な人」にとっては、けっこう刺激が強めかもしれません。

やりたくて得意で喜ばれることだけをやる「自己中心的利他」を目指そう

「安定」から自由になる

変化の時代は「不変・不動」こそ不安定

もし社員数6万人の大企業に勤めている知人から、「20人のベンチャー企業に転職することにした」と言われたら、どう思うでしょうか。

「せっかく大手に入ったのにもったいない。ベンチャーなんて安定してないからやめたほうがいい」などと忠告する人は少なくないと思います。私は実際、そういう転職をして「よく安定を捨てられたね」と言われたことが何度もあります。でも、あんまりピンと来ません。

そもそも、安定というのは、どういうことでしょう。

ハナシを聞いている感じだと、どっしりとして、何かあってもビクともしない（不変・不動）、みたいなのが「安定」という意味合いのようです。もしそうだとしたら、考えてみてほしいことがあります。

山道を走るバスに乗っている人がいるとします。

満席のため、立っています。どっしりと直立不動での姿勢をとっていたら、カーブを曲がるときに転んでしまいます。ふつうの人なら、転ばなくて済むように、体の軸がブレないようにしながら臨機応変にバランスを変えられるようにするはず。

ここでちょっと妄想におつき合いしてほしいのですが、もし、「安定感を増さなければ」と言って、足元をコンクリートでガチガチに固め始める人がいたら、どう思いますか？

そんな人、いるわけがないと思うかもしれませんが、「どっしりとして、何かあってもビクともしないことが安定だ」と言う人は、ふだん仕事でそんなことをやっているフシがあるような気がするのです。

あるベンチャー創業者がこう言っていました。

「ベンチャー精神とは、変化し続けようとする強い意志である」と。

環境変化の少ない時代であれば、変化しないこと（不変・不動）が安定につながります。しかし、地殻変動のように激しい変化が起こっている時代においては、動かないようにがんばるほど転びやすくなります。

「安定」と「不変・不動」は違います。 しっかりした軸（価値観）をもち、バランスを保ちながら変化し続けることこそ「真の安定」です。**「変化が常態」** と考え、それに合わせて変化し続けることがあたりまえになっている状態こそが、安定なのです。

なお、変化の激しい時代は、大企業がダメでベンチャーがよいという意味ではありません。大きな組織でも「変化し続けようとする強い意志」をもてていれば安定しやすいし、小さな組織でも変化を嫌うならダメになりやすい。

「変化し続けようとする強い意志」をもてているかどうかには、明確な判断基準があります。変化することのリスクより**「変化しないことのリスク」**を重く見るか、です。

変化しないことのリスクの典型は、モヤモヤとくすぶりながら仕事をし続けるリスク。

もし「変化を嫌う大企業」で「モヤモヤとくすぶったまま過ごす」ような働き方を変えなければ、のちに「変化しないリスク」のほうが遥かに大きかったと後悔する日が来るかもしれない——。こういう感覚をもてていることが大事です。

変化しないことのリスクは目に見えにくいだけに、意識的に見ようとする必要があります。

はい、これで他由な価値観としての「安定」から自由になりました。

変化を嫌う常識人より、「変化が常態」の「変態」になろう

「レール」から自由になる
ドロップアウトをチャンスに変えるには

変化が怖くなったとしても、レールから外れるのは怖いかもしれません。

特に、これまで、進学も就職も出世もすべて希望どおりのルートをストレートで進んできている場合などは、レールから外れるとゲームオーバー、すべて終わりのような気がします。

転職してから数年後、大学時代の友人と会ったときに、「今だから言えるけどさ、仲山が楽天に転職したって聞いて、『あいつも終わったな』と思ってたんだよね」と言われたことがあります。世間って怖いです（笑）。

ただ、そう言った本人も、大手銀行を辞めて独立していたので笑い話でしたけれど。

ちなみに、私がレールを外れた最初の体験は、司法試験に落ちて、就職活動に切り換えるため大学5年生になったときです。

「ああ、レールから外れてしまった」と思ったとともに、「もうレールから外れないためにがんばらなくてもよくなった」と、何か肩の荷が下りたような気分になったことを鮮明に覚えています。

それまでは、まあまあマジメな優等生として、学級委員や部活のキャプテンに指名されたり、大学も指定校推薦で入学したりと、「ちゃんとやらなければいけない」と思いながら過ごしていたのだと思います。

なので、「ああ、もうちゃんとしなくてもいいんだ」と、すごくラクなキモチになったのでした。

で、ここからが大事なところですが、**実際にレールを外れてみたら、ゲームオーバーにもならなければ、特に困ることもありませんでした。**

何と言うか、レールから外れたら、そこには「道路」というものがあって、「クルマ」というものをゲットすると列車と同じくらいの速さでレールも駅もないところへ自由に行くことができちゃうことを発見した、みたいな気分です。

こうして、「ドロップアウトしても何とでもなる」と思えてしまっていたので、大企業からベンチャーへ転職するときも「レールから外れる恐怖」は感じませんでした。

レールから外れたからこそチャレンジできる仕事というのが必ず転がっているも

のです。

実際に、組織にいながら自由な働き方をしている知人たちと話すと、たいてい「レールから外れる経験」のような「痛みを伴う転換点」があることが共通しています。

まだレールから外れていない人は、「外れても大丈夫なんだな」とだけ知っておいていただければと。

「あいつは終わった」と言われたら、自由への道が開かれたと喜ぼう

一

ここで改めて考えたい、「働かないオジサン」問題。

「加」の章で、レールから外れないために働く人の動機について考察したのをご記憶でしょうか。怒られないため、マイナス評価されないためにガマンする日々。レールから外れたら、今までの努力が水の泡。いい学校に入るために受験で努力して、いい会社に入るために就職活動で努力して、会社で偉くなるために努力してきたわけです。偉くなりたいわけではないけど、地位が上がったほうが自由度は高まりそうだから、という思いの場合もあるかもしれません。

それを踏まえて。

あなたは、「大きな組織には、働かないオジサンが多い」と感じたことはありますか？

私はベンチャーに転職したときに、「ここには働かないオジサンが一人もいない。全員めちゃめちゃ仕事している。キモチいい！」と思った記憶があります。

なぜ大きな組織には、働かないオジサンが多いのか。

そのナゾを解明するのが「ピーターの法則」です。

能力主義でピラミッド型の組織においては、仕事ができる人はどんどん出世していき、そのポジションでは活躍できないというところまで昇進し続けます。結果、成長段階にある若い人たち以外は、パフォーマンスを上げられなくなって停滞している「無能化した人」ばかりの集合体になってしまう、という法則です。まさに、**若い人以外の全員が「退屈ゾーン」で無能状態**のピーターさんになってしまうのです。ピーターさん、恐るべし！

あ、ちなみに、「ピーターの法則」は提唱者がローレンス・J・ピーターさんというだけで、無能状態の人がピーターさんなのではありません。ただ、使い勝手がよさそうなので、無能化した人を「ピーターさん」と呼ぶことにします（笑）。

さて、その後、ダニエル・ピンクさんという人が、ピーターの法則をアレンジして、「ピーターアウトの法則」を唱えます。組織の構成員は、昇進するにつれて次第に仕事が楽しくなくなるので、外へ出ていってしまうという法則です。やる気のある人が流出していくので、**組織に残るのはやはり「退屈ゾーン」の人たちばかり**ということになります。

これが、大きな会社に働かないオジサンが多い理由です。

私はこのピーターの法則を知ったときに、とっても勇気づけられました。プレイングマネジャーがうまくできなさすぎて、ピーターさん化したところで白旗宣言をした経験があったからです。

新規事業（「楽天大学」という出店者向け教育事業）の立ち上げを担当し、軌道に乗り始めたことでスタッフが増員されました。成り行きでマネジャー業もやることになります。まだよちよち歩きのステージなので、講座コンテンツを開発したり、お客さんに向けて情報発信するなど、やるべきことは山盛り。しかし、社内ミーティングや他部署との調整、メンバー管理のようなマネジャー業務がどんどん増えて、講座をつくる時間がまったくとれなくなってしまいました。

しかも、マネジャー業というものがわかっていなさすぎて、「こんなんじゃダメでしょ」とか「もっと考えてやってもらっていい？」とメンバーの心をポキポキ折るような言動をしてしまい、どんどんチーム内がしんどい雰囲気になっていったのです。

自分でも部内のそういう状況はどうにかしたいと思っていたし、上司も同じように感じていたので、「講座コンテンツをつくりたいので、部長をやってくれる人がほしいです」と白旗を挙げたら「そうしようか」ということになりました。ドロップアウトです。それが２００１年で、以来ずっと肩書きは「楽天大学学長」のまま、部下のいない会社員生活が続いています。

このドロップアウトによって、私は「ピーターさん化」から脱出できたのでした。

図6　なぜ会社には「働かないオジサン」が多いのか

ピーターの法則

能力主義の階層社会では、構成員は
自分の能力を超えた地位まで昇進する

ピーターアウトの法則

組織の構成員は、昇進するにつれて
次第に仕事が楽しくなくなって、外に出る

会社に残るのは、
「退屈ゾーン」の人ばかり

このハナシをしたら、こう聞かれたことがあります。

「部長の仕事が向いてないからやりたくないと途中で自分から降りちゃったら、社内の評価もぐっと下がって出世ルートからも外れる可能性が高いですよね。その辺の恐怖心はなかったのでしょうか」

そういう恐怖心はありませんでした。

繰り返しになりますが、大学5年生になったり、20人のベンチャーに転職したりしたことで、いわゆるピカピカのレールから外れる経験をして「何とでもなる」と思えていたからです。

それよりも、とにかくプレーヤーが楽しいし、プレーヤーとして価値のあるサービスを提供したかったので、モヤモヤした状況を少しでも改善したいという一心でした。出世や昇進にも執着はなかったです。

結果的には、**あのときレールから外れたおかげで、期せずして今の「自由すぎる」と呼ばれる働き方のベースができ上がりました。**

レールから外れないようにがんばってしがみついているうちは「展開型」のスイッチも入りません。**「迷ったら、正しいほうよりワクワクするほうを選ぶ」**という考え方を知るのはまだ先のハナシなのですが、その視点からもよい選択だったと思っています。

なお、ここで言いたいのは「マネジャーになることの是非」ではありません。あくまでも**「自分の能力が発揮できないポジションにはい続けないこと」**の大切さです。

レールから外れないことを優先すると、ピーターさんになってしまいます。

自分がピーターさん化したと思ったら、ポジションを捨てよう。レールから外れよう。

社内で出世できなくても、社外で「世に出る」ことはできると知っておこう

「ルール」から自由になる
破ってもいいルールの見極め方

ある日、社内の日報メールを見ていたときのことです。

ある部署の新人が、所感の欄で「今日は私の理解不足により部署のみなさまにご迷惑をおかけして申し訳ありませんでした」と謝っていました。何だろうと思って読み進めると、どうやら自分ではよかれと思ってやったことが、その部署のルールとは違っていたようでした。

「まだ十分には理解できていないかもしれませんが、この部署の伝統的なやり方なので早く理解できるようにがんばります」と書いてあります。

その先に、その「伝統的なやり方」が書いてあったのを読んだとき、私は思わず「えええ！」と声が出てしまいました。

なんとそれは、「2年くらい前に始まった新しいやり方」のことだったのです。

でも、その部署は社歴の浅い人ばかりで構成されていて、2年前から在籍している人がいなかったので「伝統的なやり方」だと思われていたのです。そのルールは、2年前に始まったときからすると取り巻く状況が変わってきたために、制度疲労を起こしていてうまく機能しなくなっていたようでした。そこにきて、ルールを知らない新人が、自分の頭で「現状に合うようなやり方」を考えてやったところ、「ルールと違う。これは伝統的なやり方なのだから理解しないとね」と言われたようなのです。

笑い話みたいですが、ふと考えてみると社内のルールってこんなの多いです。


「なんでこういうルールなのですか？　こうしたほうがよくないですか？」

「ルールですから」

「そもそもの立法趣旨は？」

「ルールですから」

「きっとこういう趣旨なので、今回の事例は適用対象外だと思うのですが」

「ルールですから」


こんな疲弊するやりとり、特に会社が大きくなってくると増える気がします。

ルールには2種類あります。**「他律」**と**「自律」**です。

他律とは、「他人が決めたルール」。「朝9時に出社して、18時に退社する」「昼休みは12時から1時間」「業務以外のメール禁止、SNS禁止」「副業禁止」「捺印必須」などなど、よくあるやつです。これらは基本的に「支配者が他者を統制・コントロールするためのルール」です。

他律に対して、「夢中ゾーンにいる時間を増やすための自分ルール」が自律です。前述のドラえもんを積み上げるゲーム（34ページ）で「まずは手でやってよい」というルールを決めたのは、まさに自律です。

他律と自律は、同じ「ルール」でもまったく意味合いが異なります。

「夢中ゾーンにいる時間を増やすための自分ルール」のつくり方がうまくなるほど、ルールにしばられることが少なくなっていきます。**他人が決めたルールの範囲内で自分ルールをつくる**ことができれば、他律にしばられている感覚はなくなるのです。

ルールのつくり方にも2種類あります。

「正解一択（こうしなければならない）型」と、**「OBライン（NG以外はオッケー）型」**。

選択の自由がない「正解一択型」に対して、ゴルフのOBラインのようにそこを越えなければどこに打ってもよい自由があるのが「OBライン型」です。

「不安ゾーン」で苦しそうにしている人や「退屈ゾーン」でつまらなそうにしている人は、「正解一択型」ルールをつくるのが好きなように見えます。「夢中ゾーン」で楽しそうにしている人は、「正解一択型」ルールは使いません。自分に対しても他人に対しても、「OBライン型」のルールを使います。

「正解一択型」をゴルフにたとえるなら、フェアウェイのピンポイントを指して「ここに打ちなさい」という感じ。外すと怒られてやり直しです。そんなゴルフがあったらイヤすぎます。でも、実際の仕事のシーンでは「正解一択型」ルールがたくさんあります。

なぜなのでしょう。

おそらく、「OBライン」、すなわち「NGとオッケーを分ける価値基準」を考えて決めるのが面倒だからです。みんなが夢中で遊べるためのルールを考えるのって、意外と大変なのです。いろんな展開を想定して、不安にも退屈にもなりにくいようなルールをつくるには、かなりの頭脳的コストがかかります。

だから手を抜こうと思ったら、「こうしなければならない」という正解一択型ルールをつくって守らせるほうが、つくるのもカンタンだし管理もしやすい。でも、それによって自由が制限されることで、誰も自分で考えて行動しなくなります。ルールを守るほうも、決められたことをやるほうが頭脳的コストがかからなくてラクなのです。この状態を「効率」と呼ぶ人は、どんどん正解一択型ルールを増やしていって、遊びの余地をなくしていきます。

しかも、頭を使わなくてよい仕事は飽きやすいので、退屈ゾーンに留まりがちになる。こうして、**正解一択型ルールがはびこる組織では、どんどん仕事がつまらなくなっていく**のです。

なので、「これは手抜きの正解一択型ルールだな」と思ったら、そのルールの趣旨・目的を徹底的に考えます。組織の価値基準に照らして、その正解一択である必要がないとわかれば、**あえてルールを破りにいく**。そのほうが長い目で見れば組織全体のパフォーマンス向上につながっていきます。

というわけで、ルールは「OBライン型」にしよう。目的にそぐわない「手抜きの正解一択型ルール」はしれっと破って、**「自分たちが夢中ゾーンにいる時間を増やすため」のルール**をつくろう。

OBライン型ルールをつくるために 自分の「NG価値観」を書き出そう

「評価」から自由になる

変人と呼ばれる精神的コストに耐えられるか

夢中3条件の「やりたくて、得意で、喜ばれること」が見つかったあとに、「お客さんに喜ばれることをやっているのに社内で評価されない」となる場合があります。「お客さんに喜ばれる」というのは単なる値引きなどのことではなく、本質的な価値提供をしているのが前提です。でも実際は、そういう人よりも、お客さんに喜ばれないような売り方で数字をあげた人が評価されることがあります。モヤモヤマックスです。

そのときに考えるとよいのは、**「誰に評価されたいか」**です。

上司に評価されたいのか、お客さんに評価されたいのか。

答えは決まっています。「お客さん」です。

理由は「お客さんとともに生きる」と決めているから。シンプルです。

上司に評価されたいキモチはわかります。でも、その上司がいつも「お客さんとともに生きる」タイプとは限らないのが世の常です。「加」ステージであれば上司に認めてもらうことが大事ですが、ここは「減」ステージ。どうしても両立できないなら、どちらかを捨てる必要があるのです。

というわけで、「お客さんが喜ぶけど、上司には評価されないこと」をやるとどうなるかというと……大丈夫、生きてはいけます（笑）。

逆に、社内でよく評価されようとすると、評価にしばられることになりがちです。

何年か連続で社内の表彰を受けた知人がいます。最初はとても喜んでいたのですが、いつの間にか「次回表彰されなかったらどうしよう」という不安を感じ始め、表彰されるために無理な仕事のしかたをするようになったといいます。ついに連続受賞が途切れたのち、「何のために働いているのか」を見つめ直した結果、評価にしばられていたことに気づき、「お客さんに喜んでもらうのが自分のやりたいことであって、その結果として表彰されなければそれはそれ。もし表彰されたらそれはありがたいこと」と考えるに至った――そんな話を聞きました。

「お客さんに喜ばれるのに、上司には評価されないこと」をやると、だいたい**「あいつは変わっている」**と言われます。

こうなればしめたもの。「変な人」という評価を受け入れてしまえば、**やりたいことをやりやすくなる**からです。でも、多くの人は「変人と呼ばれる精神的コスト」に耐えられなくて、お客さんを捨ててまでも上司の評価を得られるほうに流されてしまいます。

「変人」をほめ言葉だと思えるかどうかが、自由な働き方をゲットする大事な分かれ目なのに。

老荘思想に「無用の用」という考え方が出てきます。

あるところに大木がありました。材木に適さなかったため「役に立たない」と、誰もその木を切ろうとしなかったから長生きしたのです。その結果、たくさんの生き物のすみかとなり、木陰で人々が休める存在になりました、というハナシです。

上司から見て「無用」でも、お客さんから見て「有用」であれば、長い目で見て組織の評価にしばられずに働けるようになります。

もし「短期的な数字づくりにしか興味のない上司」のモトで働くことになったら、「短期的な数字づくりには役立たないけど、お客さんとワイワイやっている変なヤツ」「放置しておいても害まではないヤツ」と思われましょう。そうすれば、長期的な成果づくりに専念できます。

私は**「今日の業績は2年前の仕事の成果」**と考えるようにしています**（仕事のタイムラグ2年説）**。というのも、所属する会社が上場してしばらくの間、日々の仕事と株価が連動していない感じがあり、「こんなにお客さんに喜んでもらえる仕事ができているのに、株価って上がらないんだな」と思っていました。しばらくやっているうちに、「2年前からやってきたことがようやく世間で話題にされるようになって、株価が上がる」ということが起こり始めました。たとえば、2年前に合宿で熱く語り合い、学び合った店長さんたちが、時を経て売り上げを3倍、10倍、30倍という勢いで伸ばしたことで、世間の注目を集めるようになるといったことが頻発したのです。

その肌感覚があって、「今日の業績は2年前の仕事の成果、今日やった仕事の成果が出るのは2年後」と思えるようになりました。だから、まわりの人から「あの人、足元の数字をつくる仕事もやらずに何やってるのかね」と思われたとしても構わないのです。「みんなが今日収穫している成果は、私が2年前に蒔いた種が実ったものなんだな」と思えるだけの自負がもてていればよい。

それがまわりにも伝わって、**「あいつは管理しないほうが仕事してくる変なヤツなので、遊ばせておけ」**と思ってもらえたら最高です。

そこまではいけなくても、社内には必ずちゃんと見てくれている人がいるものです。

収穫するのが得意な人がいるなら、種を蒔き続けることに夢中になろう

「許可」から自由になる

組織の中でも好きなことはできる

上司から「あいつは遊ばせておけ」と思ってもらえると、強力なワザが使えるようになります。それは、「許可を得ないでやる」というワザです。

米スリーエム社の行動規範に、**「許可を求めるな、謝罪しろ」**という言葉があります。

「ひたむきに仕事をすれば、深刻なダメージを受けることは多くない。みんなの許可を得るための時間的リスクに比べれば、間違えたときに謝罪するほうがよっぽどうまくいく。だから許可を求めずにどんどんやろう」――そういう考え方です。

もちろん何でも許可なくやりたいことをやればいい、というわけにはいきません（じきに怒られます）。そこで、組織の中で自由に働くヒントとしては、まず会社のＫＰＩ（※Key Performance Indicator：目標達成度の指標）になっていないことをやるのがオススメです。

「えっ、仕事ってＫＰＩになっている作業をやることなのでは？」と思うかもしれません。

社内に利害関係のある部署が存在すると、「それ、ウチの仕事なんだけど勝手なことやらないでくれる？」となりがちです。その点、ＫＰＩになっていないこと、たとえば私の場合は「楽天市場の出店者さんとおしゃべりをする」という活動は、どの部署の人も強い興味はもっていないので、誰からもやめろとは言われずに済みます。ただ、ＫＰＩになっていないことをやっているとほぼ確実に「あの人、何遊んでるの？」とは言われます（笑）。とは言え、「顧客接触時間を増やす活動」のような**「緊急ではないが重要なこと」**であれば、たいていのことは怒られません。そこでのコミュニケーションが**「会社の理念や行動規範を体現する活動」**であればなおよし、です。放っておいてもらいやすくなります。

さらに、顧客接触時間を増やす活動（お客さんとのおしゃべり）を通して「お客さんのプロ（専門家）」という強みを確立することができれば、より自由度が増してきます。

ここまでは「許可を求めずに何をやるか」という視点だったので、次は「どうやるか」について考えてみましょう。

まず、**お金をかけずに済む方法**を考える。お金がかかることだと決裁をもらう必要が出てくるので、許可を求めざるを得なくなってしまいます。

お金の代わりに使えるリソースは、「時間」「手間」「思考」「気遣い」です。私の場合、メルマガを発行して、お客さん（店長さん）たちとおしゃべりするところから始まりました。そのうち、「このテーマは少人数で濃いハナシをしたい」となったので、メーリングリスト（今で言うＳＮＳグループ）をつくりました。「実際に集まって話したい」となったら、オフィスで座談会をやりました。ここまではすべて無料です。

あるとき、「合宿をやりたい」という声をもらいました。これはお金がかかります。メルマガに「合宿をやりたいというハナシが出たのですが、興味ある方はいらっしゃいますか？」と書いたところ、「参加したい」という人が20名以上現れました。そこで上司に「すでに参加者が集まってしまったので、合宿講座をやりたいのですが」と相談したところ、「もう集まっちゃってるんでしょ。赤字にならなければいいんじゃない」と。

この体験から、**「先にお客さんが集まれば、たいていのことは自由にできる」**ということを学びました。だいたい会議で企画が通らない理由は「売れるかどうかわからない」からです。だから、遊び仲間（仲のよいお客さん）が増えて、「この指とまれ！」で人が集まるコミュニティができたことで、新しい企画がどんどんやりやすくなっていったのでした。

また、**「許可を得ないでやる」のは、実は「上司を思ってのこと」**でもあります。

よくわからない企画への許可を求められた上司の立場になってみましょう。オッケーを出してしまうと責任が発生するので、自分では決めきれず、さらに自分の上司に判断を仰ぐことになります。そのプロセスのどこかで、誰かが「よくわからないからとりあえず却下」せざるを得ないと思うのです。

だったら、そんな余分な時間・手間・思考・精神的コスト（気遣い）がかからないようにするためにも、「許可を得ないで自分の責任でやる」ほうがよいと思うのです。

トム・ピーターズさんの『ブランド人になれ！』の続編、『セクシープロジェクトで差をつけろ！』（CCCメディアハウス）には、こう書かれていました。

私は自分の墓に次のような泣き言を刻みたいとは思わない。

「私はすごいことがやりたかったのだが、上司がやらせてくれなかった」。

おもしろそうな仕事は **ゼロ予算&無許可** でやる方法を考えよう

「びっしり詰まったスケジュール」から自由になる

退屈ではなく「暇」を目指そう

「減」が進んで、目の前の仕事に追われることがなくなると、時間的にも精神的にも余裕ができます。「加」ステージ後半では「やりたいけれど時間がない」「一日がもっと長ければいいのに」が口癖だったはずなので、そのときの夢が叶ったような状態です。

ところが、あれだけ「時間ができたらやりたい」と思っていたことがあったはずなのに、いざ時間ができると、急に暇を持て余すといったことが起こりがちです。それはおそらく、これまであまりにも仕事に追われていて、知らないうちに「受け身（問題対処型）」の仕事のしかたに慣れきってしまったからです。

さらには、それまでびっちり埋まっていたスケジュールに余白が増えると、不安なキモチになってくるものです（特に、マジメな人ほど）。何となく、自分が必要とされなくなった気がしてしまうからです。

そんなときは、「予定が詰まっている人＝価値がある人」「暇な人＝価値がない人」という思い込みを捨てるところから始めます。

これを捨てられないと、人は時間が空いたときにも忙しいふりをします。不安に負けて、せっかく空いた時間的スペースに、やってもやらなくても変わらないような（むしろやらないほうがいいような）小さな用事を詰め込んで安心しようとしてしまいがちです。自分の業務の範囲内で、作業を複雑化・高度化・ブラックボックス化させることで、「自分が抜けたら誰もこの作業はできない。自分はこの組織に必要な存在だ」と思い込もうとすることもよくあります。

「減」ステージで目指すのは、**「最近どう？　忙しいんでしょ」**と聞かれたら、**「いや〜、暇なんですよね〜」**と返せるレベルです。

では、どうすれば「暇」を受け入れられるようになるか。

「暇」と「退屈」の違いを知ることです。

「同じ意味じゃないの？」と思った人がいるかもしれません。

でも、意味を調べてみると、「暇」というのは「自由に使える時間があること」と書いてあります。「退屈」は「飽きていること。暇を持て余している状態」です。

そう、「自由に使える時間（暇）を持て余している」のだ「退屈」なのであって、「暇＝退屈」ではないのです。いわゆる「ヒマ人」というのは、正確に言うと「ヒマ持て余し人」。これで違いがハッキリしました。

大事なのは、「暇な時間」を退屈せず、夢中で過ごせるようになることです。

ここで、「暇↕忙しい」「退屈↕夢中」の2軸を組み合わせて、働き方の視点で深掘りしてみたのが図7です。


暇があって夢中なのが、**「自由人」**。

忙しくて夢中なのが、**「モーレツ人」**。

忙しくて退屈なのが、**「歯車人」**。

暇があって退屈なのが、いわゆる**「ヒマ人」**。


こう考えると、自由な働き方（左上）を目指すには「暇」が必要だとわかります。

「加」ステージで仕事を選り好みしない「モーレツ人」の働き方を経て、「減」ステージでは仕事を選り好みして「暇」をつくり「自由人」ゾーンへ行く。できた「暇」は安易に埋めず、**「自分の強みを磨くために夢中になれる遊び」**に使う。そうすると、次の「乗」ステージに進みやすくなります。

ちなみに私は、スケジュールに終日予定が何もない日があるとワクワクします。「何もない

図7 「暇」と「退屈」は違うもの

日をどれだけ増やせるか」をがんばっていると言っても過言ではありません。

というのも、**「余白の法則」**とでもいうものがあると思っているのです。それは、**「スペースをつくると、埋まる」**という法則です。こう書いただけだとあたりまえっぽいですが、こんな体験をしたことがあります。

会社の人数が増えて、引っ越すことになりました。その引越し先のビルが6階建てで、なんと全員入っても、2フロア分も埋まらなかったのです。

「え、あと半分以上スペース空いていますけど……」と心配に思ったのも束の間、みるみるうちに埋まっていって、3年後にはまた引っ越さなくてはいけなくなってしまったのです。

「課題＝理想－現実」という考え方があります。

空きスペースを埋めるという「課題」が目に見えるギャップとしてハッキリしたことで、経営者もスタッフも「これが埋まるまではやるってことね」という意識の共有ができたように感じます。言葉にするまでもなく、明確な目標でした（笑）。

このように、スペースをつくると埋まるのです。

また、引越し後の人数が増えるパターンとしては、M＆Aで一気に数十人が仲間入りするようなこともありました。そこから学んだのは、**「小さく空けると、小さいもので埋まる。大きく空けると、大きなものが入ってくる」**ということでした。

この「余白の法則」については、ほかにも体験談があります。引越しの例は物理的スペースのハナシでしたが、今度は時間的スペース（暇）のパターンです。

私がEコマースの世界に入ったときは黎明期で、どうすれば売れるかの試行錯誤を支援するのが私の仕事でした。しかし、そのうちメールマーケティングが全盛期となり、「こうすればすぐ売れる」という手法にみんなが「わっ」と向かってしまったことで、私の出番はなくなって暇になってしまいました（笑）。

そんなとき、社長がJリーグクラブのオーナーになり、ヴィッセル神戸のお手伝いをすることになったのです。これはまさに「大きく空いたら、大きなものが入ってきた」体験でした。

これに味をシメたので、私は**「流れを変えたいな」と思ったときは、スケジュールになるべく大きな余白をつくる**よう心がけています。

実際、大きく空けたら出版のオファーが来たり、横浜F・マリノスのお手伝いをすることになったりと、「余白の法則」は大活躍してくれています。

忙しいなら、がんばって暇をつくろう

ロール（会社名、部署名、肩書き）から自由になる
「何をしているのかわかりにくい人」の時代になってきた

1年間、ヴィッセル神戸のお手伝いをしていた2004年は、楽天市場に「ヴィッセル神戸」のネットショップを立ち上げる仕事をしながら、1週間おきに東京（楽天オフィス）と神戸を行ったり来たりしていました。

神戸に通っているうちに、「私が会社にいなくても誰も困らなくなる状態」が期せずして確立してしまいました。その3年後に「会社へ行かなくてもよい働き方（勤怠自由）」になるのですが、この神戸通いが大きな契機になったと思われます。

また、「部署名や肩書きでは仕事内容が説明できなくなる状態」も確立しました。私の肩書きは「楽天大学学長」なのですが、楽天大学のマネジメントもしていなければ、会社にも行かずにネットショップを立ち上げたり、神戸にいながらメルマガで全国各地の楽天出店者さんたちと雑談したりしているわけです。

さらに、Jリーグシーズンが終わった11月末、楽天オフィスをぶらぶらしていたら、偉い人

に声をかけられました。

偉：「年明けから出店者さん向けの月刊誌を出すことになったハナシ、聞いた？」

仲：「いえ、初めて聞きました。年明けって、すぐじゃないですか。年末の忙しい時期なのに大変ですね。誰がやるんですか？」

偉：「でしょ。というわけで、仲山よろしく！」

こんなムチャぶりで、月刊誌を創刊することにもなりました。「会社にいなくても困らない人」になったせい（おかげ？）で、新しいことの立ち上げをとりあえず振れるフリーマン（組織内フリーランス）的ポジションになった感じです。

所属や肩書きは変わらないまま、やっていることがどんどん変わっていきました。会社名・部署名・肩書きといった「形式」はどうでもよくなっていき、「お仕事は何を？」と聞かれたら、「主に楽天出店者さんと遊ぶ係です」と答えるようになっていきました。

仕事内容を聞かれて、部署名や肩書きを答えるのをやめると、いくつかの変化が起こります。まず、肩書きで人を動かそうとすることを考えなくなります。もともとそういう志向はなかったのですが、より一層そう思うようになりました。**肩書きや上下関係がなくても他者と一緒に仕事をする**ための方法や考え方に興味がわくようになります。

次に、「それは私の仕事ではありません」と言うことがキモチ悪くなります。ちょっとでも関係ありそうなことなら、「全部自分ごと」だと思えてしまうからです（部署の概念がない）。

さらに、仕事の「内容」を聞かれて会社名・部署名・肩書きで答える人に、あまり魅力を感じなくなってしまいました。

逆に、魅力的に感じるのは**「何をしているのかわかりにくい人」**です。

今の世の中、効率化のための分業が進みすぎた結果、いろいろな弊害が出てきています。

身近なところで思うのは、異動したら言うことが変わる人。昨日までは「イレギュラーだけど認めてよ」と言っていたのに、異動したら「イレギュラーは認められない」と平然と言う人がいます。役割というか担当業務には忠実かもしれないけれど、なんかカッコ悪い。

これからは、**「何をしているのかわかりにくい人」の時代**です。

社会でも会社でも機能分化しすぎた弊害が出てきているので、**分化したものを統合する役割**が求められるからです。

働き方で統合といえば、私が印象に残っているネットショップ店長で、木彫りの作品をつくっている職人さんがこんなふうに話されていました。

「今までは、卸先のバイヤーさんと価格・数量・納期のハナシをしてモノを渡すだけで、自分の作品を買ってくれるお客さんとの接点はひとつもなかった。ネットショップを始めて、お客さんから『よいモノをありがとう』って言われるのが本当にうれしくてたまらない。この仕事をやっていてよかった」

製造・卸・小売が分業化されて長い時間が経過したことで、お客さんの顔を知らずに働いている人が大勢いる状態ができてしまったのが「やりがい喪失」の背景にあるのです。

「減」ステージでは、自分の職業や業態、会社、部署、肩書きの「枠」を捨てて、「価値（どんなお客さんがどう喜ぶのか）」を基準に仕事を再構築していくことが求められます。

自分の強みを活かして新しいつながりを生み出すことが価値になります。

そうすると、既存の分類の枠内では収まりきらない仕事内容になっていくので、「何をしているのかわかりにくい人」にならざるを得ないのです。

「何をしているのかわかりにくい人がよいと言われても、今は思いっきり部署の担当業務をやる日々なのですが……」という場合にオススメの、すぐできることがあります。

メールの冒頭、**会社名を名乗るのをやめてみる**ことです（名刺交換のときでもよい）。

ある本に「会社の名前にぶら下がって仕事をしているのはカッコ悪い」と書いてあったのを読んで、メールの名乗りを「楽天の仲山です。こんにちは！」から「仲山です。こんにちは！」に変えてみたことがあります。最初はものすごく違和感があって、貝殻から出てしまったヤドカリみたいに不安なキモチになりました。ひよって元に戻したりもしましたが、距離感の近い人に出すときは「社名なし」でやっているうちにだんだん慣れてきました。

特にヴィッセル神戸のお手伝いをしていた頃、所属が複数あった状態を経たことで、「社名なし」のほうが自然に感じるようになりました。今では、よほどのことがない限り、社名で名乗ることはありません。自分の名前で仕事をしています。

ただし、「会社名に頼らない（自由になれる）」というのは、単に名乗らなくすればよいわけではありません。会社の理念や行動規範をマスターした上で、上司から見て**「どこに出しても恥ずかしくない一人前」**になることが最低限の基準になります。

それが**「看板にぶら下がってはいない」**という状態です。

名刺の肩書きでは説明しきれない仕事ができるようになろう

「お客様」から自由になる

「お客さん」を選り好みする

自分たちの扱う商品やサービスの購入者のことを「お客様」といいます。何をわかりきったことを、という感じですが、「お客様」以外にも呼び方があります。ターゲット、ユーザー、客、お客、お客さん、お客さま、クライアント、などなど。それぞれの表現で、距離感や立ち位置などの関係性が違っているような気がします。

「ターゲット」は、攻略する対象。仲の良い相手には使わなそう。

「ユーザー」は、利用者。これも距離が遠い感じ。

「客」は、上から目線っぽい。**「お客」**もやっぱりちょっと上から感が。

「お客様」は、丁寧というか失礼のない感じ。「お客様は神様です」的な。でも実は距離感が遠そう。

「お客さま」は、「様」をひらがなに開いたことで距離の近さを感じます。ただ、売り手と買い手として向かい合わせの立ち位置っぽい。

「お客さん」になると、フレンドリーな雰囲気が。いっぱいコミュニケーションをとって、同じ方向を向いてヨコに並んでいる感じ。

「クライアント」……使わないからよくわからない（笑）。

私の場合は、いかに「お客さん」の距離感でおつき合いできる人を増やせるかを大事にしています。言い換えれば、**お客さんを選ぶ。**

その距離感になれない人とはおつき合いしない方向に進めていくことになります。

「加」ステージでは、「お客様」の数を増やすことを優先にしてやってきたかもしれませんが、「減」ステージは違います。余白の法則は、お客さんにもあてはまるのです。「お客様」とのおつき合いを減らしてスペースができたら、新しい「お客さん」との出会いが生まれます。

「お客さん」との関係性は、フラットです。そこには「お金を払うほうがエラい」という価値観はありません。自分の考えや想いに共感してくれていて、自分の強みを評価してくれているのが「お客さん」です。その人と話をすると、なんだか元気がもらえてしまう――そういう「お客さん」が一人でもいてくれると、仕事のおもしろさのステージが上がります。3人もいてくれたら、仕事がグッと楽しくなる。もし20人になったら、仕事が楽しくてたまらなくなります（実感値）。

え、そんなお客さんなんていない？

それは大変。まだ「減」ステージではありません。すぐに「加」ステージからやり直しましょう。

では、そういう関係性になってもらうには、どうしたらよいか。

私は最初、大手電機メーカーのスタッフ部門に配属になりました。製品（コピー機）を買ってくれる「お客様」とは一度も接点がないまま仕事をしていて、それが普通だと思っていました。販売会社も別法人で、販売している人とも接点がありませんでした。なので、「お客様」は想像上の生き物（?）でした。というか、想像したこともありませんでした。

楽天に転職をして、「お客様」であるネットショップの店長さんと直接やりとりをするようになります。当初は「お客様」のほうが年上（私は当時25歳）だし、ネットショップの知識も経験もあるわけです。しかも会ったこともない人がほとんどで、どんな人かもわからない。まさに「お客様」は想像上の生き物だったわけです。

当時からおつき合いのある店長さんからは、こんなふうに言われます。

「仲山さんが担当になって、最初のほうのメルマガに『売り上げ目標を決めましょう』とか書いてあって、『うわー、バリバリのコンサルタントっぽい人が来ちゃったよ。イヤだなー』と思ったんですよね。あとで実際会ってみたら全然そういうタイプじゃなかった。入社して右も左もわからないから、背伸びして上から目線でがんばってたんですよね（笑）」と。

自信がないから、ガッカリされたりナメられたりするのが怖くて、それっぽいハッタリでマウントポジションをとろうとしちゃったのだと思われます（お恥ずかしい）。

そのうち、店長さんたちとのコミュニケーションが増え、電話したり、メルマガに返信をもらったり、講座で会ったり、合宿で夜明けまで語り合ったりして「お客さん」が増えていきました。今では、おつき合いしている人の8割方が「お客さん」です。残りの2割が「波長の合う人」（意気投合した編集者さんと本をつくる、など）。「お客様」という遠めの距離感でおつき合いしている人はほとんどいない状態になっています。

というわけで、上から目線やマウントポジションに頼ることなく、お願い営業をするわけでもなく、**自然体でお客さんとつき合う（ともに生きる）**ことができるか。これが「お客様から自由になる」という意味合いです。

お客さんとは、上下でも対面でもなく、同じほうを向いて併走しよう

「お金」から自由になる

「お金がなくてもやりたいことができる人」になろう

お金にしばられないためには、いくらあればよいのでしょうか。

私は物欲がさほどありません。学生時代は仕送りの範囲で生活していたので、たまにやるバイト代は貯まっていました。思っていたのは、友だちから「海外旅行、行かない？」などとおもしろそうな遊びに誘われたときに「お金がないからできない」となるのはイヤだな、ということくらいでした。

このように「お金から自由になる」というのは、**お金のことを心配しなくて済む状態**だと考えています。

そうなるためには、大きく分けて「お金を稼げるようになる」のと「お金がなくてもやりたいことができるようになる」という方向性があります。

「お金の稼ぎ方」はすでにいろんな本に書かれているので、ここでは**「お金がなくてもやりたい仕事をやる方法」**について話題にしてみます。

「許可から自由になる」の項でも触れたように、お金をかけずにやればたいていのことは自由にできます。

そもそも、お金がないのはザンネンなことだと思っている人もいるかもしれませんが、**お金がないほうがよいこともあります**。理由はふたつ。

まず、**お金がないほうがアイデアは出やすい**。ご承知のように「すべて自由」よりも制約条件があったほうがアイデアは出やすくなります。「お金以外のリソース」がよく見えるようになるので、あとは「あるもの」を組み合わせるアイデアを思いつくか。これは自分次第です。

「お金以外のリソース」には、「時間、手間（体力）、思考（知力）、気遣い（精神力）」があります。これをいかに「強み」を活かすカタチで編集できるかが「減」ステージのキモです。そこで生み出した価値によって、「手伝おうか」と言ってくれる共感者や支援者をつくることができれば、リソースが増えることになります。手を貸してくれる人、アイデアをくれる人、気を利かせてくれる人です。そうすると、中には「時間がなくて手伝えないから、ささやかながらお金で支援したいのですが」という人が現れます。いわゆるクラウドファンディングは、それを受け取れるようにした仕組みだと考えることができます。

「お客さんの共感や感謝」を「お金」に換える仕組みがいわゆる「ビジネスモデル」というこ

とになります。

お金は大事ですが、強みを活かして価値を生み出すことができるようになると、お金がいらなくなってきます。これを実感するシーンがあります。

私のまわりにはネットショップで何らかの商品を扱っている人たちがたくさんいます。横のつながりができて仲良くなってくると、店長さん同士でプレゼントし合っているのですが、それがお互いに自社商品なわけです。お花屋さんとお肉屋さんの店長で、仮にどちらも「売価1万円、原価5000円の商品」だったとすると、何が起こるか。

原価5000円のお肉をあげて、1万円のお花をもらった。

原価5000円のお花をあげて、1万円のお肉をもらった。

つまり、お互いに「5000円の負担で、1万円のモノをもらえてしまった。ラッキー」となります。まさに強みを活かした物々交換。もし自社商品ではない1万円のプレゼントを買ってきて物々交換したら、こうはなりません。お互いに「プロだから1万円のモノを5000円で仕入れられる」という強みを活かしたからこそ、価値が生まれたわけです。

なんか、あたりまえのことを力説してしまいましたが、**「強みと強みの物々交換」**を活かすと、お金を介さなくても他人から喜ばれながら価値をもらうことができるという視点を強調したかったのでした。

「お金がないほうがよい理由」のふたつめは、**全部自分たちでやることになるので「ノウハウがたまること」**です。

会社が大きくなってきて役割分担が進み、「コスト削減」をミッションとする部署ができたりすると、アウトソーシング祭りになりがちです。ノウハウがたまらなくなるし、しかも「お金を払うほうがエラい」という価値観をもったままで「外注管理の仕事」をやっているとポジションパワーでしか人を動かせなくなっていきます。お金があることで「手間・思考・気遣い」のリソースを使わなくてもよくなるので、能力がなまりどんどん「組織にしばられた働き方」に近づいていってしまうのです。こわい。

続いて、報酬の視点からも、「お金から自由になる」ということを考えてみましょう。

結論から言うと**「ちょっと損する」**のがオススメです。

具体的には、**実力よりちょっと少なめに給料をもらう**。これです。

実力以上の給料をもらってしまうと、転職できなくなります。その会社で「ピーターさん化」して力を発揮できなくなっても、転職すると給料が下がることがわかっているので、**会社にしがみつかざるを得なくなる**のです。

身軽さを保つには、既得権益をあっさり手放せる状態をキープします。

そのためには、**「収入源を複数もっておく」**のが有効です。

給料以外の収入源があることによって、会社に依存しなくて済むからです。

「給料を5万円上げてもらうために必死になって努力するくらいなら、ほかで月5万円稼いだほうが早いな」と思えるようになれば、選択の自由が増えます。

そうすると心理的にも安定して、お客さんのための価値創造に没頭しやすくなるので、長い目で見ればお金に困る可能性も低くなります。

とは言っても、単に損するのはおもしろくないので**「お金以外の報酬」の視点で「モトを取る」**ようにします。

私は学生時代に国立競技場でビールの売り子のアルバイトをやっていて（Jリーグの開幕にも立ち会いました）、バイト代は歩合でした。20人ほど売り子がいて、一番売り上げの高い人は、だいたい試合中もずっと大きな声を出して精力的に歩き回っているタイプです。

でも、やってみるとわかるのですが、試合が始まるとお客さんは観戦に夢中になるので全然売れなくなるし、大声で歩き回っていると「お兄さん、ジャマ」と迷惑がられてしまいます。

なので、私は試合前とハーフタイムで効率よく動いて（お客さんとおしゃべりしているうちに売れていくスタイルを確立）、試合中はおとなしく「観戦」するようにしていました。

そうすると、成績的には上《じょう》の下《げ》から中《ちゅう》の上《じょう》あたりが多くなります。ただ、自分の中の計算として、「サッカー観戦チケット代」の分までもらったと思えば実質的な報酬としては一番多くもらえている気分でした。

このように「好きなサッカーを観られる精神的報酬（＝楽しい）」という視点をもてていれば、給料が少なくても「モトが取れている」と思えるわけです。

この「精神的報酬でモトを取る」感覚をマスターすることで、次のステップに進みやすくなります。

それは**「お金にならないけどワクワクする仕事を2割やる」**ことです。

これができるようになると、流れが変わります。最初は儲からなかった遊びが、夢中でやるうちにいつしか「儲かる仕事」に変わっていくようになるのです。特に「乗」ステージに行くと、そういうことが起こりやすくなります。

「ニガテなこと」から自由になる

軸となる強みを一本つくろう

「加」ステージは、ニガテなことを積極的にやっていくステージでした。

「減」ステージは、ニガテなことを手放してもまわりに迷惑がかからず、むしろ「あいつにはアレ（やりたくて得意で喜ばれること）をやらせておいたほうが得だ」と言われるようになるところを目指します。

そこまで来たときには、やりたくて得意なこともニガテなことも、「加」ステージの最初の頃とは違っているはずです。単なるわがままではなく、ほんものの強みが確立している状態になっている。すなわち**「減」ステージでは、「加」ステージにおける強みも手放す**わけです。**「どの強みに集中するかを決める」**ことが求められます。軸となる強みを一本つくって伸ばしていくのです。

私の場合、主な活動が「マーケティング・商売系」の講座から始まって、「チームづくり・人材育成系」へとシフトしてきました。一見、畑違いのことをやっているようにも思えますが、

「人にフォーカス」している点では変わっていません。

楽天出店者向けの学びの場「楽天大学」を立ち上げるときに三木谷社長からオーダーがあったのは、「MBAの楽天版をつくりたい。MBAのキモは、自分で考えられるようになるためのフレームワークをマスターすることだから、Eコマースの小手先のテクニックとかではなくて、本質的な、たとえば『人はなぜモノを買うのか』みたいなフレームワークを体系化してほしい」ということでした。デジタルのテクニックではなく、アナログな「人のキモチ」にフォーカスを当てろというお題です。そこで、「なぜ興味なかったモノをほしくなってしまったのか」「なぜ値段が高いほうの店が選ばれたのか」といったテーマを扱っていきました。

そのうち、出店者さんたちの商売が軌道に乗って、スタッフが増えたことで「人や組織の問題」で悩み始める店長さんが現れます。「売り上げが伸びて喜んでいるのは自分だけで、スタッフは疲弊して辞めていってしまう」「意見を求めても誰も言ってこない」などなど。

取り組むうちに気づいたのは、組織の問題は結局、「人がチームとして動きたくなるのはどういうときか」です。「人がモノを買いたくなるのはどういうときか」というテーマと比べるとチューニングが違うだけ。本質的には「人が行動したくなるとは」を深掘りしていることに変わりないため、それまでマーケティング視点で考えてきたことをチーム視点に置き換えるだけで通用することも多くありました。

そうやって「人にフォーカス」したコンテンツをつくり、店長さんたちと実践コミュニティをつくってワイワイやるのが私の「軸となる強み」となっていったのでした。

「加」ステージでは、新卒時の仕事だった「法務」や楽天で学んだ「ネットマーケティングのスキル」が自分の強みかと思っていましたが、そのときとは変わってきたわけです。それらの「軸ではない強み」は、あまり欲張らずに手放していきました。

軸となる強みが確立することで初めて、ニガテなことをやらなくてもまわりが喜んでくれるようになります。

ホンモノの強みを見極めて、自分の旗を立てよう。

お腹が空いたからご飯を食べる感覚で 本を読めてしまう分野を見つけよう

そして私は「満員電車（混んでいる場所）」から自由になった

私は行列に並ぶのがキライです。渋滞もキライ。人の多い街や駅がニガテです。そして何より満員電車に乗りたくない。

とは言っても、東京の会社で働いていると通勤で満員電車に乗らざるを得ないものです。楽天に入社してしばらくは、徒歩か自転車通勤でした（職住近接の文化があった）。

しかし、会社が引っ越しを重ねて六本木オフィスになったとき、電車通勤になりました。朝は、ラッシュ時間を外せるよう始業より2時間前に出社したりしました。やる気のある人に思えるかもしれませんが、満員電車がイヤだっただけです。でもやっぱり帰りは混んでいます。

ただ漠然と「満員電車に乗らなくて済むようになったらいいなあ」と思っていました。

そうしたら、2007年に「兼業自由・勤怠自由・仕事内容自由の正社員」という働き方ができることになり、あまり満員電車に乗らなくてよくなりました。

「どうすればそうなれるのか」と聞かれることもありますが、結局は**「みんなと同じこと**

をするのをやめた」という引き算の（たまたまの）成果なのかなと思います。

ここで「減」ステージで手放したものを振り返ってみましょう。

- 安定から自由になる（変化しないでいることを手放した）
- レールから自由になる（いわゆる出世ルートを手放した）
- ルールから自由になる（他者をコントロールすることを手放した）
- 評価から自由になる（社内で評価されることを手放した）
- 許可から自由になる（上司の許可を得たくなる弱さを手放した）
- びっしり詰まったスケジュールから自由になる（忙しいことによる自己重要感を手放した）
- ロール（社名、部署名、肩書き）から自由になる（分業された枠内だけで働くのを手放した）
- お客様から自由になる（お客さんを数字だと思うことを手放した）
- お金から自由になる（「お金がないからできない」と思う弱さを手放した）
- ニガテなことから自由になる（弱みをがんばって克服することを手放した）

こうして振り返ってみると「みんなと同じことをするのをやめる」というのは、結局、**「混んでいるところを避けてきた」**だけのようにも思えます。

「みんなと同じことをするのをやめる」と流れが変わります。「大混雑で動かない流れるプール」から抜け出したかのように、**流れに運ばれるような展開が起こるようになる**のです。

私のまわりには「流れに運ばれるように仕事が展開している人」が大勢います。観察していて、その共通点がわかりました。

「浮いていること」です。

何らかのしがらみに絡まっていると流れていかないという意味合いと、「あの人ちょっと浮いてるよね」の「変わっている」という意味合いの両方です（笑）。

時流というものが川の流れのようなものだとするならば、水面に浮いていなければ、流れに乗ることはできません。浮くためには、**軽くする**（手放す）ことと、**しがみつかない**こと。組織や待遇などに依存してしがらみに絡まっていると、浮けません。

ふと「しがらみって漢字でどう書くんだろう」と思って調べてみたら「柵（さく）」という字でした。意味は「水流をせき止めるため、くいを打ち並べ、それに木の枝や竹を横たえたもの」。どうりで、しがらんでいるとうまく流れには乗れないわけです。せき止めるための道具ですもんね。

つまり、組織で浮かないように自分を殺してまわりに合わせていると、停滞したり、よくないほうへ流されてしまいがちになります。**「流される」のと「流れに乗る」のは大違い**で、大勢に迎合するのが「流される」なのに対し、自然に逆らうようなことはしない（不自然なものを手放す）のが「流れに乗る」感じです。

自然に逆らわなくて済むように、自分の「キライ・やりたくないこと」と「スキ・やりたいこと」の対比表をつくってみました。たまに見返して更新していくと頭の整理がつきます。また、他人に渡すと**「自分のトリセツ（取扱説明書）」**を共有したことになるので、やりたいことをやれる機会が増えたり、やりたくないことをやらずに済む可能性が高まります。一度、時間をとって対比表をつくってみることをオススメします。

満員電車がニガテなら、みんなとは違うことをしよう

図8 自分のトリセツ（取り扱い説明書）例：著者の場合

キライ・やりたくないこと	スキ・やりたいこと
人混み、満員電車、行列、流行モノ	人のいないほうへ行く
形式ばったもの	自然体
大きすぎる組織	小さなチーム
すべて指示命令される	自分なりに考えて動く
すべて指示命令する	自分なりに考えてもらいやすくする
全体と現場がわからない仕事	全体も現場もわかる仕事
人前で話す	人を観察する
知らない人と浅く話す	知っている人と深く話し込む
問題解決、治療。マイナスをゼロに戻す	問題解消、予防。プラスをさらに伸ばす
弱みを矯正する	強みも弱みも活用する
目標を決めて、達成する	流れを受け入れて、展開させる
壁があったら乗り越える	壁があったら、ないところを探す
結果を出すためには手段を選ばない	楽しんで結果を出すために手段を選ぶ
必死でやる	夢中でやる
一発当てる	長続きする
やりたいことだけやるための努力	やりたくないことをやらないための努力
失敗を恐れる。むやみに挑戦しない	失敗を活かす。ただしむやみに失敗しない
何事にも自分の意見を言える	わからないことはわからないと言える
ルーティンワーク、前例踏襲	やったことのない仕事、新規立ち上げ
定例会議、稟議	出会い頭の立ち話、その場で即決
自分でなくてもいい仕事	今の自分の仕事をなくす
変化のない安定	変化し続ける安定
「ふつうですね」と言われる	「変人ですね」と言われる

「減→乗」

次のステージに進むための

持ち物リスト

必須アイテム

- □ 夢中3条件（やりたい、得意、喜ばれる）
- □ 自由の定義……自分に理由がある。対義語は「他由」
- □ ピーターの法則、ピーターアウトの法則
- □「自由になるためのルール」をつくる経験
- □「変人と呼ばれる精神的コスト」に耐える力
- □ 許可を求めずに仕事をする経験
- □ 余白の法則（スペースをつくると埋まる経験）
- □ フラットな関係性のお客さん
- □「お金にならないけどワクワクする仕事」に2割使える余裕
- □「キライ・やりたくないこと」と「スキ・やりたいこと」の対比表

不可アイテム（手放す必要があるもの）

- □「好き勝手にできることが自由」という考え
- □「変化しないことが安定」という考え
- □「レールから外れないことが成功」という考え
- □「社内で評価されることが成功」という考え
- □ びっしり詰まったスケジュール
- □ 会社名、部署名、肩書きでしか自己紹介できないこと
- □ 実力を超える給料
- □「みんなと同じ（多数派）なら安心」という考え

STAGE3

×乗

独創と共創
仲間と遊ぶ

「浮く」と、いいことが起きる

「減」ステージで、いわゆる「仕事の常識」を手放して身軽になり、生まれた時間的・精神的余白を使って「軸となる強み」を磨いてきたことと思います。強みが秀でてきたことで、よい意味で個性的な「変人」としてまわりから浮くようになっているはずです。

浮いていると、流れに運ばれるようになって、具体的にはよきパートナーになる人との出会いやご縁が増えていきます。

なぜか。

流れを川に見立てます。もし価値観の合う人、おもしろい人が各組織にいたとしても、今までのようにしがらみにとらわれて水中に沈んでいると、それぞれいろんな深さにいて出会いにくかったわけです。

それが、各自「減」ステージで組織のしがらみを断って浮いてしまったことで、お互い水面から顔がポコッと出て、横を見回すと「こんにちは」と出会いやすくなったイメージ

図9 「浮く」と、いい出会いが増える

こんにちは！
水面
川底
「組織の常識」や「しがらみ」にからまっていていろんな深さにいるので出会わない
「浮く」と水面に出て価値観の合う自由人と出会いやすくなる

です。

つまり、**自分が浮いた変人として振る舞えば、自然と別の浮いた変人とつながっていける**ということです。今のご時世、SNSのおかげで特によき出会いが起こりやすくなっています。

何の道でもよいのですが、あるレベルを突き抜けた人だけに見えてくる「真理」があって、それはたぶん共通しています。だから、松下幸之助さんも、イチロー選手も、腕のよい職人さんも優れた研究者さんも、みんな同じようなことを言うわけです。

そうやって「真理」の境地に達した人たちは、たぶんお互いに「あ、この人は同じニオイがする」というのがビビッとくる。

共感とかシンクロニシティとか。だから、突き抜けると、自らが望むと望まないとにかかわらず、共感の人脈が自然に広がっていくのだと思っています。

「乗」ステージは、そうやって出会った人たちとプロジェクトチームをつくり、お互いの強みを掛け合わせて新たな価値を生み出していくことになります。

「あなたの強みが必要だから一緒に組みませんか」というオファーも来るようになる「共創」のステージです。

それと同時に、より自らの強みに磨きをかけるべく、自分に対しても「強みの掛け算」をしていきます。複数の専門分野をもち、それぞれを強みとして掛け合わせることで希少性（オンリーワン性）を高め、「独創」的な存在になることを目指します。強みの軸が増えることで、いろいろな人と共創できる可能性が広がっていくことにもなります。

では、「乗」ステージに進みましょう。

自分の強み同士を掛け算する

「タンポポの綿毛理論」

まずは「自分の強み同士を掛け合わせる」という「独創」の視点から。

前章で「軸となる強みを磨く」という表現を使いましたが、そこで「いろいろな強みを磨く」としなかったのには理由があります。

私の持論で「タンポポの綿毛理論」という考え方があるからです。**「ナンバーワンを経たオンリーワン」こそが「真のオンリーワン」になれる**というものです。

「人はみな、生まれながらにオンリーワン」という言葉があります。そのとおりだとは思いますが、その言葉に甘えて他人からはわからないような小さな強みのまま（「加」ステージ初期にすぎない状態）で満足していてはいけません。

まずはある分野で突き抜けてナンバーワンになるまで軸となるメインの強みを伸ばします。ナンバーワンの基準は、「〇〇と言えばあの人」と言われるレベルです（「旗が立った状態」と呼んでいます）。そうなってから、ほかの強みの多軸展開をしてこそ相乗効果が生まれて**「ほ**

かにない存在」になれるのです。メインの軸を確立しない（突き抜けない）うちにほかへ手を広げようとすると、どれも中途半端で見劣りする存在になってしまいます。

これを絵で描いてみたところ、タンポポの綿毛みたいな形になったので**「タンポポの綿毛理論」**と呼んでいます。

楽天という会社を例にすると、三木谷社長は銀行出身だったため、創業当初から取材時などに「金融サービスもやるんでしょう？」とよく聞かれていました。しかし、「ウチはＥコマースでナンバーワンを目指しますから」とだけ答えていたのが、入社間もない頃の私の印象に強く残っています。

「Ｅコマースと言えば日本最大級の楽天市場」という評判を得て、そこから初めてＭ＆Ａに着手し、トラベルや金融などサービスの軸を広げていったというわけです。

自分の突き抜け度合いを測ったり、突き抜けるヒントを得たりするためにオススメの方法があります。「真のオンリーワンの境地に達している人」の本を読んで、書かれている真理のエピソード部分を自分の体験に置き換えられるかどうかを見ていくのです。

たとえば、『本田宗一郎「一日一話」――〝独創〟に賭ける男の哲学』（ＰＨＰ研究所）という本は、３６６個の哲学（真理）が本田宗一郎さんのエピソードをもとに書いてあるので、そ

図10 強み同士を掛け算する：タンポポの綿毛理論

❶メインの軸で突き抜ける
❷突き抜けてからほかの軸を広げるとシナジーが生まれる

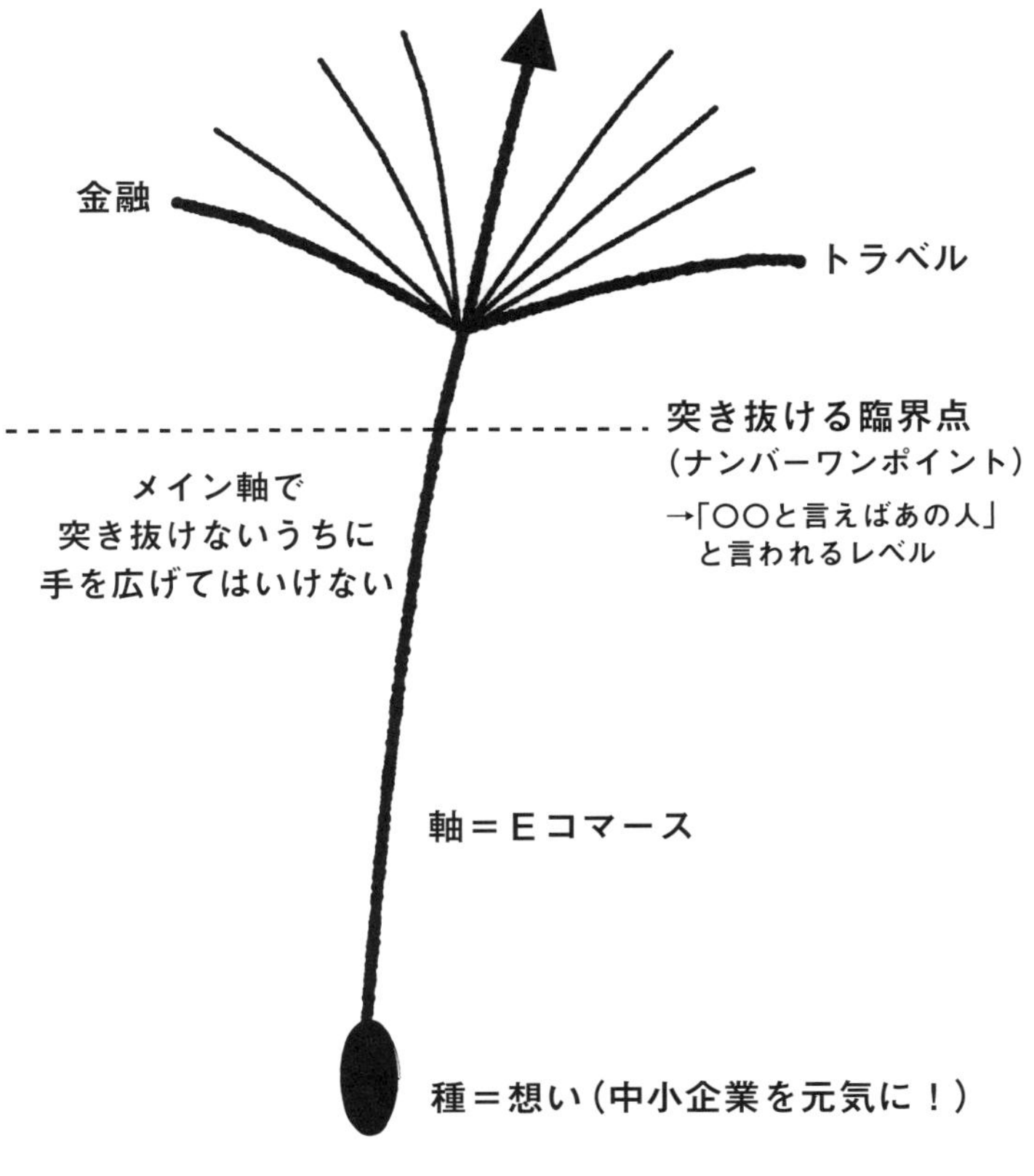

れを自分の事例で埋めていくわけです。置き換えられる項目が増えてくるほど、自信がついていきます。ほかにも「ドラッカー名言集」のような本質的な内容の列挙になっている本が使いやすいのと、自分のスタイルに近い人の本でやると埋めやすいのでオススメです（もしよければこの本で！）。

ハナシを「自分の強み同士の掛け算」に戻しましょう。

超ロングセラー『アイデアのつくり方』（CCCメディアハウス）にあるように、**新しいアイデアとは「既存の要素の新しい組み合わせ」**です。自分にとって強みと言える専門分野が複数あれば、掛け合わせができます。強みが多ければ多いほど組み合わせのバリエーションが増えますし、2つの掛け合わせよりも3つの掛け合わせのほうが希少性も高くなります。

思うに、専門分野の増やし方は2パターンあります。

ピボット型と**トラベリング型**です（ともにバスケット用語）。ピボットは、軸足を動かさないで回ること。トラベリングは、両足とも動かして移動することをいいます。

私の場合は、「人にフォーカス」という主軸を定めてのピボット型で、マーケティング系から人材育成系、チームビルディング系、働き方系と専門テーマが増えていきました。また、法学系やサッカー系も「人にフォーカス」という軸でとらえることができるテーマなので、すべてがつながりやすい状態だと言えそうです。

このように、タンポポの綿毛理論的には、ピボット型のほうが親和性は高くなります。

「自分の強み同士の掛け算」に使えそうな材料を整理できたところで、次はどう組み合わさるかについて見ていきましょう。

「一日一話」や「名言集」的な本を買ってきて、自分のエピソードに置き換えてみよう

他流試合で、ノウハウを横展開してみる

「乗」ステージにおける典型的なイベントとして、**他流試合**があります。ほかの組織に行っても通用するレベルに強みが磨かれるとともに、新しい軸が増えることにつながっていきます。サッカーのアウェイゲームをイメージしてみると、環境、お客さん、肉体的・精神的負荷という点がホームゲームとは異なります。

そんな**アウェイでも自分の強みを活かしたパフォーマンスが発揮できるようになればホンモノ**です。

逆に言えば、ホームにずっといてぬくぬくしているだけではホンモノになりにくい。会社で言えば、上司に気に入られることが最も効果的な手法、みたいなことになりがちです。

サッカーでも「ホームの環境に最適化しすぎる」と、アウェイで芝がちょっと長いだけでいつものプレーができなくなったりして、変化にも弱くなってしまいます。

私にとって印象に残る他流試合は、Jリーグ「ヴィッセル神戸」にお手伝いとして派遣されたときの体験です。

オーナーになった三木谷さんから「手伝ってきて」と言われて神戸へ。ヴィッセルのオフィスに机を置いてもらって、フロントのみなさんに挨拶したものの、開幕準備で忙しそうです。

右も左もわからないので、「何か自分の強みを活かしてできることはないかな……」とまわりを見回すとグッズがあった（ECサイトはなかった）ので、ふつうにウェブから楽天市場に出店資料請求をしました。届いた出店申込書に「株式会社クリムゾンフットボールクラブ代表取締役　三木谷浩史」のハンコを押して、「楽天の三木谷浩史さん」宛に「三木谷 to 三木谷の書類！」と思いながらFAXを送りました。

楽天で働いていると言っても、ネットショップを自分で運営したことはありません。サッカー好きの楽天の後輩に「ヴィッセルのページつくらない？」と勧誘して、一緒にページをつくって、２週間後の２００４年３月９日に楽天店オープン。

ネットショップ店長には、ヴィッセルのグッズ担当者になってもらいました。店長のカラーを前面に出しやすいようにしたいと思って、名字が「芝」さんだったので、「ピッチ店長」というニックネームにしました。私はロベルトと名乗ることにしました（『キャプテン翼』のロベルト本郷が好きなのです）。

ニックネームをつけることにした理由は、私の強みが「オンラインでグッズが買えるサイトを構築すること」ではなく、「オンラインでお客さんとコミュニケーションをとって距離感を近づけること」だからです。

まず考えたのは、サッカークラブという事業の特徴でした。お客さんはグッズという「製品」を買っているわけではなく、「ヴィッセル神戸」や「〇〇選手」や「サッカー」が好きで、グッズを買うことでそれぞれ何らかの形でハッピーな気分になれるという、その「ハッピーな気分になれること」を買ってくれているはずです。

もしそうだとすると、グッズという「製品（物体）」を一所懸命売ろうとしても意味がなくて、「ハッピー」を売らなければいけません。

目指すところとしては、「今度の土曜日は、ゴロ寝したりゴルフに行ったり小説を読んだりディズニーランドに行くよりも、サッカーを見に行こうか」と思ってもらえるくらいに価値をわかってもらう必要があります。

そんなことを考えた上で、ネットショップの企画を詰めていくことにしました。

当時の定石としては、プレゼント企画をやって、応募者にメルマガ読者になってもらうのが有効でした。そこでプレゼントの景品を考えます。

当時、クラブにはキングカズこと三浦知良選手と、トルコ代表のイケメンとして話題のイルハン選手が在籍していました。そこで「カズ選手サイン入りユニフォーム」と「イルハン選手サイン入りユニフォーム」は確定。あとはその2人以外のファンも応募したくなるモノがほしい……ということでまわりを見回すと、使用済みのボールに目が留まりました。昨シーズンの試合球でした。

担当スタッフに聞いてみました。

仲：「試合球って、使い終わったあとはどうなるんですか？」

担：「たまにスポンサーさんにあげることもあるけど、ほぼ練習場行きやね」

仲：「えええ、お宝なのに！　開幕戦のボール、ネットショップ用に2個もらえませんか？」

担：「いいけど、何に使うの？」

仲：「1個は、プレゼント企画の景品にしたいんです。もう1個は、プレゼント当選を待つより買わせてほしい、というお客さんのためにオークションに出したいなと」

担：「へー。まあ、ええんちゃうかな」

というわけで、「出場選手サイン入り開幕戦使用ボール」が景品に加わりました。

結果的に、この「試合球プレゼント&オークション」は、その後、人気企画として定番化することになりました。

思うに、他流試合に行ったときの強みとなるのは**「素人目線」**です。その環境にどっぷり漬かっている人にとっては「あたりまえ」すぎて価値を感じられなくなっているものについて、「これ、喜ぶお客さんいるだろうな」と気づいたら提供してみる。これだけで相当な価値創造ができます。

どっぷりすぎて価値に気づかなくなることを、私は**「どっぷり症候群」**と呼んでいます。自分もそのうち同様に「どっぷり症候群」が進行して価値が見えなくなっていきます。**素人目線の賞味期限は、おそらく半年ほど**。なので、フレッシュなうちに行動を起こすことがカギになります。

さて、その開幕戦プレゼント企画。

大事なことは、いかにメルマガ読者を増やせるかです。

しかも今回は、すでに「ファン」である人たちに応募してもらうことが最優先です。その点、ネットショップの定石のように、ネット上で告知するだけでは露出が弱い。ファンの目に止まるためには、「自分のホーム（Eコマース）でやっている手法そのまんま」だとダメなわけです。

Eコマースで培ったノウハウを、リアル（スタジアム）用にアレンジするために、**抽象度を上げ下げしながら手法を編み出す**必要があります。

というわけで**「違い」に注目**しました。

サッカークラブにはリアルに「スタジアム来場者」がいるので、そこを見逃す手はありません。そこで、開幕戦のスタジアムにてプレゼント企画を掲載した「QRコードつきチラシ」を配付することにしました。ヴィッセルとしても初の試みです。

QRコード自体に馴染みがない時代だったので、ただ載せても反応してもらえなさそうです。そこで、「面倒くさがりな人でも応募しやすくするには？」を考えることにしました。すぐに行動を起こしてもらいやすいよう、チラシには、

- 「1分でできます」（簡単さを伝える）
- 「本日ご応募ください」（締め切り効果）
- 「ハーフタイムか帰りの電車で応募してみませんか？」（シーン提案）

という文言を入れてみました。

結果、4000人を超える応募がありました。

スタートとしては上々。Eコマースのノウハウをうまく横展開できました。

その後、メルマガを始めました。ピッチ店長とロベルトの掛け合い形式です。続けているうちに、こんなコメントが届くようになりました。

「神戸のメルマガ、めちゃおもしろいです。おかげで他社のメルマガがつまらなく思えるようになってしまいました。ネタを考えるのは大変でしょうが、これからもぜひお笑い路線を続けてください」

「メルマガを読み始めてからグッズを買う頻度が増えすぎて困ります（笑）」

これを見て、ピッチ店長と「たまごちキター！」と喜んだわけです。

結局、1年間ネットショップ運営をやってみたところ、グッズ売上はトータル（スタジアム販売&ネット）で前年の2・5倍になりました。Jリーグの他クラブの人たちから、「（ファンの少ない）ヴィッセルが、ネットショップでどうしてそんなに売れるの!?　ハナシ聞かせて」と言われるようにもなりました（その後、楽天市場に出店するクラブが増えました）。

このように、他流試合での目標のひとつは、**「自分にとってのあたりまえは他人にとってのあたりまえではない」**とわかる成功体験、すなわち強みを自覚する体験をすることです。

そして他流試合の成果となったのが、「サッカー×Eコマース」の実績。専門分野の「マーケティング（Eコマース）」に趣味だった「サッカー」が掛け合わさることによって、タンポポの綿毛（独創性）が育ったことです。「サッカー業界で実務経験がある人」も「Eコマースの実務経験がある人」も世の中には数多くいますが、「サッカー業界でEコマースの実務経験がある人」となると一気に希少性が高くなります。もし日本サッカー協会さんやJリーグさんが「Eコマースをテコ入れしよう」となった場合、私が候補に挙がりやすいのではないか、などと妄想しているだけでワクワクするわけです（オファーお待ちしております）。

他流試合で、いつものネタを違う相手に伝えてみる

他流試合での腕の磨き方はほかにもあります。いつものネタを、いつもとは違う相手に伝える経験をすることです。

ヴィッセルでは、ネットショップ以外のことにもチャレンジさせてもらえました。フロントスタッフ&トップチーム選手向けに楽天大学の講座みたいなことをやってほしい、というオファーをいただいて、「自分の魅力を10倍高める方法」講座をやりました。すでにブログをやっている選手などもいたので、楽天大学の商売系のフレームワークをベースにしつつ、サッカー人向けにアレンジした内容です。

たとえば……「マリーシア」という言葉、聞いたことはあるでしょうか。

ポルトガル語なのですが日本語であまりピッタリくる訳がなく、あえて言うなら「よい意味でのズル賢さ」という感じでしょうか。

「マリーシアがある」というのは、たとえば、

・反則で試合が止まったとき、相手が油断している隙にリスタートする
・勝っていて残り時間が少ないとき、攻めると見せかけながらボールを回して時間を稼ぐ
・ドリブルしているとき、顔を右に向けながら意表をついて左に（ノールック）パスをする

などが挙げられます。

「意表をつく」とか「相手がイヤだと思うようなことをする」ようなイメージです。

抽象度を上げると、マリーシアは**「相手の視座で考え、相手の期待値を超える力」**。相手のキモチや考えを読んで、さらにそれを上回るアイデアを出せなければいけないわけです。

これを商売へチューニングを変えると、**「お客さんの期待値をよい意味で超えて（意表をついて）、感動を提供できる力」**になります。

商売上手なネットショップ店長さんは、

・問い合わせの回答で、聞かれたこと以外にもそのお客さんに役立つ情報を書き添える
・注文お礼メールで、過去の買い物に触れて「覚えていますよ」というメッセージを送る
・こっそりおまけを同梱する

など、「商売的マリーシア」の達人なのです。

なので、サッカーで「マリーシア」を養った人は、チューニングのコツをつかめば商売をやってもうまくいくはず……というようなハナシをしたのでした。

こんなふうに、抽象度を**「人はなぜ行動したくなるのか」**という本質的なレベルにまで上げて考えていれば、相手がネットショップの店長からサッカー選手に変わっても、相手に伝わりやすい事例に置き換えることでノウハウの横展開ができるという手応えを得ることができました。これで専門分野の「商売×サッカー」というタンポポの綿毛、一歩前進です。

さてその後、ヴィッセルの下部組織（中高生チーム）のコーチが興味をもってくれました。そして、ユース&ジュニアユース選手向けの「モチベーションコントロール講座」が実現。それまでの3年ほど、コーチング、メンタルトレーニングなど、「人のモチベーション」について研究していたので、その成果を発揮するチャンスが巡ってきたのでした。

それまで楽天大学の講座をつくるときに、「中学生でもわかる言葉で伝えること」を意識していたのですが、実際に中学生を相手にすると「楽観的ってどういう意味？」と聞かれたりして、「リアル中学生は想像以上に手強い！」という学びがありました。

おかげで、それ以降につくる大人向けコンテンツのわかりやすさの度合いがレベルアップした気がします。「教え方」や「わかりやすい表現」の強みが磨かれました。

その「モチベーションコントロール講座」を大幅にバージョンアップさせて、楽天大学で店舗さん向けに「モチベーションマネジメント講座」を開催しました。その内容が、のちにライフワークとなる「チームビルディングプログラム」の原型となっていきます。

こうして「他流試合」によって専門分野（タンポポの綿毛のホワホワ部分）が増えていくきっかけまでもらえたのでした。

他流試合は「乗」ステージにとって必要不可欠な存在です。

リアル中学生を相手に、仕事のハナシを伝わるまでしてみよう

流れに乗る作法

「展開型」を極めよう

「乗」ステージでは、流れに「乗」るための作法も重要です。そこで、第1章に出てきた「展開型」（72ページ）を深掘りしてみましょう。

展開型の典型パターンは、

- 夢中で楽しくやっていたのに、今いるところの居心地に違和感が出始める
- ちょっと離れた人（緩いつながりの人）から声がかかる
- 「趣味の世界」からはノックが来続けないことが多い

という感じです。

そこで、展開型の作法としては、

①夢中ゾーンのキープを目指しつつ、違和感を見逃さない
②ふだんから口頭やSNSなどで「好みの情報」を発信しておく
③信頼する人からの頼まれごとは「はい」か「イエス」で答える
④趣味の分野にしがみつこうとしない
⑤流れの「意味」を考える
⑥迷ったら、正しいほうよりワクワクするほうを選ぶ
⑦収支を合わせる（やった甲斐があると思える状態にする）

といったあたりを押さえておきたいところです（展開型7つの作法）。

前述の「ヴィッセル神戸のお手伝い」は、まさに展開型でした。実際のエピソードを「展開型の作法」にあてはめながら見ていきます。

【①夢中ゾーンのキープを目指しつつ、違和感を

2003年くらいになるとEコマースの伸びが加速して、楽天市場で売り上げを伸ばす必勝パターンのようなものが確立されてきました。店長さんたちもそれさえやっていればいいというムードになったので、逆に「どうしたらいいか一緒に悩む係」の私はあまりやることがなくなって退屈だなと感じ始めていました

見逃さない】。

そんなとき、テレビを見ていたら突然、「三木谷浩史氏がヴィッセル神戸のオーナーになりました」というニュースが飛び込んできました。部屋で一人なのに「えええ！」と叫びました。憧れのJリーグ。楽天に入社して最大の衝撃です。

その直後にちょうど社内の部長合宿があり、夕食時、たまたま私の目の前に三木谷さんが座ったので、手を挙げて、

仲：「はい！　サッカー好きです。神戸行きます！」

と勝手に志願してみたところ**【②ふだんから口頭やＳＮＳなどで「好みの情報」を発信しておく】**、

三：「楽天からは誰も行かせないから」

と言われてガッカリ……。当時のヴィッセルは、三木谷さんの個人会社がオーナーになったものなので、楽天との資本関係はないのです。だから誰も行かないのは当然と言えば当然。

と思ったら、その半月後、２００4年2月16日（月）の朝に秘書から内線が来て「社長がお呼びです」と。

仲：「はい、何でしょう？」

三：（めっちゃニヤニヤしながら）「キミの願いを叶えてあげよう」

仲：「?!」

三：「明日からさ、神戸行ってきて。1ヵ月か2ヵ月くらいかな」

仲：「神戸っ!? 行きます！」

【③信頼する人からの頼まれごとは「はい」か「イエス」で答える】

三：「よろしく」

仲：「……で、何をしに？」

三：「ヴィッセル、開幕準備でバタバタしてるみたいだから手伝ってきて。以上」

というわけで、翌日の午後、新神戸駅のホームに降り立ちました。

楽天での人事発令は出ないので、立場的には「非公式お手伝い」。楽天の同僚からすると、「仲山、あいつ急に会社に来なくなったよね」という感じです（笑）。

「サッカー好きなヤツがJリーグクラブに行けることになるなんて、ハナシができすぎでおもしろくも何ともない。まったく参考にならない」と思われる読者もいることでしょう。もし神戸に行く前の私だったら、そう思います。

でもご安心ください。ハナシはそうわかりやすいハッピーエンドには向かいません。

2004年11月、Jリーグのシーズンが終了して時間的余白ができるやいなや、「楽天出店者向け月刊誌」の創刊プロジェクトをムチャぶりされたのでした（116ページ参照）。「ああ、サッカーの世界じゃないドアからノックが来てしまった」と思ったものの、残念がっている暇もなく、怒涛の作業が始まります**【④趣味の分野にしがみつこうとしない】**。

これはきっと、ヴィッセル神戸で獲得した「店舗さん視座がリアルにわかる強み」を活かせ、という天からのメッセージだと考えることにしました。それならば、このタイミングでこの流れになることにも納得できます**【⑤流れの「意味」を考える】**。

そこを軸にして「やらないこと」を決めました。すなわち、「楽天が言いたいこと」は載せない。「店舗さんが知りたいこと」を載せる。具体的には、楽天からの通達事項やサービスの宣伝のようなものは載せない。

店舗さんが知りたいのは「ほかのお店がどんなことをやっているのか」なので、がんばっているお店のインタビューを中心に構成する。これを編集の基本方針にしました。

実際、「この新サービスを載せてほしい」という社内からの依頼が数多くありましたが、「いい事例が出てきたら教えてください」と答えていました**【⑥迷ったら、正しいほうよりワクワクするほうを選ぶ】**。

さらに、単なるムチャぶり仕事（他由な仕事）をこなすだけにするのはもったいないので、自分にとって「やりたい」と思えるようにしたいわけです。そこで、「創刊プロジェクトをムチャぶりされた。それはちょうどいい、◯◯のチャンスにしよう」にあてはまるアイデアを練りました。**「それはちょうどいい」**という言葉は、それに続くようにアイデアを考えると、マイナスな状況をゼロに戻すアイデアではなく、**マイナスをプラスに変えるアイデアしか出ないというマジックワード**なのです。

ふたつアイデアが出ました。

ひとつは「それはちょうどいい、安売り依存を抜け出す道を示すチャンスにしよう」です。前述のように、Eコマース市場が成長期に入っていくと、売り上げを伸ばすために安売りをするお店が増えていきました。私がヴィッセル神戸で他流試合をしているうちに、セール依存の弊害が出始めていました。そこで、セールに依存せず、ステキな商売をしている店舗さんを紹介することで「安売り以外の道もありますよ」というのを伝えようと思ったのでした。

もうひとつは「それはちょうどいい、三木谷さんに現場の今を伝えるチャンスにしよう」です。その頃になると、楽天ではマネジメント採用が進んでいて、社長と現場の中間にいるマネジャーに社歴の浅い、店舗さんを知らない人が増えていました。そうすると、マネジャー以上のミーティングでも数字の報告が中心になりがちで、社長に「店舗さんたちの現状」の情報が上がりにくくなっていくわけです。そこで、リアリティのある店舗さんインタビューを通して、安売り依存の弊害や、それを乗り越えて「よい商売」のスタイルを築き上げた事例を共有することには意義があると考えたのでした。

創刊してから3年後、三木谷さんに「あの冊子はトイレで5分で読み終わっちゃうからさ、ボリューム増やして」と笑いながら言われました。そこで24ページから48ページに増量することに。店舗さんからも「読んでるよ」「あの店長さんすごいね！」などと喜んでもらえました

【⑦収支を合わせる（やった甲斐があると思える状態にする）】。

というわけで、振り返ってみると展開型7つの作法に一応あてはまっていました。

こうして、好きな「サッカーのドア」からノックは来ませんでしたが、ノックの音が聞こえたほうに進んだ結果、展開型でまた一歩進むことができたようです。

好きだからといってしがみつくと流れに「乗」れなくなってしまうので、これでいいのだと思っています。

だまされたと思って、
展開型の7つの作法を揃えてみよう

共創の作法①
「目的・動機・価値観」をさらす

「乗」ステージでは、自分の強みに磨きをかけつつ、出会った人と一緒になって「自分の強みと他者の強みとの掛け算」をしていきます。いわゆる**「共創」**です。**共創がうまくいくかどうかは「チームづくり」がキモ**になります。

チームづくりの第一歩は「心理的安全性」を高めること。

「心理的安全性」とは、グーグル社が行った、社内でうまくいっているチームの共通要因を分析する研究「プロジェクト・アリストテレス」の成果として知られるようになった言葉です。

そのプロジェクトでは当初、「引っ張っていくリーダーがいる」とか「メンバーみんな仲がいい」といった、うまくいくチームに共通しそうな要因の仮説を立ててみたものの、全然見つかりませんでした。引っ張っていくリーダーがいなくてもうまくいっていることもあれば、みんな仲が悪いのにうまくいっているところもあったのです。

数年がかりで取り組んだ結果、出てきたのが「心理的安全性」でした。つまり、**みんなが**

安心して自分の意見を出せる関係性があるということが共通していたのです。

共創プロジェクトのメンバーが集まったときをはじめ、世の中の多くの組織はたいてい空気を読みながら言いたいことがあっても遠慮して言わずにいるような状態で仕事をしていることが多いので、ほとんどの場合は**「心理的安全性を確保するために相互理解を深める」**ことがチームづくりの第一歩になります。

そんなチームづくりの中でも難易度が高いのが、M&Aのような異なる組織同士の融合でしょう。その点、私の経験で印象的なのは、やはり「ヴィッセル神戸×楽天」という組織文化の掛け算です。

会社で社長が変わるとなると、メンバーとしては「これからどうなるんだろう」と不安になります。しかも、それまで神戸市役所からの出向者メインで経営されていた会社だったのに、いきなりバリバリのベンチャー社長に変わってしまったということで、もしかすると価値観が180度違う可能性があります。

そこで、「フロントのみなさんは、言われることの意味がわからなすぎて困るだろうな。企業文化のギャップを埋めるお手伝いをせねば！」と思って企画したのが、フロントスタッフ向けの「『三木谷浩史ってどんな人？』講座」。三木谷社長の創業ストーリーをベースに、楽天の理念（目的）や行動規範、そして「三木谷さんあるある」を盛り込んだ内容です。

たとえば、三木谷さんは急に言うことが変わることがあります。何も知らないと「ブレている」と不安になるような状況です。ここで登場するのが、

判断＝価値観×入力情報

というフレームワーク。

三木谷さんを長らく観察してきてわかるのは、「価値観はブレないタイプなので、判断が変わったときは入力情報（見えているもの）が変わったから」という場合がほとんどだということです。朝礼でのハナシなどを注意深く聞いていると、「なるほど、海外出張に行って新たにこんなことが見えるようになったから、判断が変わったのか」とかいうのがわかるのです。なので、不安にならなくても大丈夫――そんな内容を盛り込んだのでした。

やってみたら、「そういうの、教えておいてもらえると助かる！」と喜ばれました。

このように「心理的安全性」を生み出すための視点としては、**「目的・動機・価値観をさらす」**というのがひとつです。

共創相手が、どんな動機で何を目的にしているのか、どんな価値観の持ち主なのかがわから

ないうちは、どこまで本音を言ってよいかわかりません。そこでお見合いをしていても先に進まないので、自分から目的・動機・価値観を共有できるように整理しておくことが大事です（「減」ステージでこれをやっているという位置づけ）。

基準としては、**「この目的・動機・価値観を受け入れてもらえないならしかたない」**と思える状態にしておきます。

私は楽天で「Eコマースの文化をつくること」を目的に、Eコマースの価値や魅力〝Shopping is Entertainment!〟を知ってもらう、理解してもらう、好きになってもらうにはどうしたらよいかを考えて活動してきました。ヴィッセル神戸と関わるようになって、三浦知良選手が「サッカーを文化にしたい」というハナシをしているのを聞いて、ヴィッセルでも「サッカーやクラブの価値・魅力を伝えて、サッカー文化をつくること」を目的にしたいと思いました。それをヴィッセルの同僚に伝えると「いいね！」と共感してもらえたので、ネットショップのページ上部に「Football is Entertainment! サッカーを文化に。サッカーのある生活を楽しもう」というコピーを入れました。以来、この原稿執筆時点まで14年が経ちましたが、そのまま掲載され続けています（うれしい）。

「文化をつくる」という目的・動機は、無敵です。同業他社とも共創パートナーになることができます。文字どおり、敵がいなくなるのです。

「乗」ステージで共創を楽しむには、「文化をつくる」を仕事にするのが吉です。

なお、失敗する共創の典型は、お互いに相手の集客力に依存しようと考えているケース。「相手の客がウチに流れてきて売り上げが立つはずだ」と思っている者同士の共創がうまくいったのを見た記憶がありません。あくまでも「強みと強みを掛け合わせること」がキモです（足し算コラボではなく）。

「文化をつくる」を仕事にしていると考えてみよう
ピンと来なくても考え続けよう

共創の作法②
「凹」をさらす

そもそも「自分の強みが確立していない人」はまだ「乗」ステージに至っていないので共創はうまくいかないのですが、強みが確立していたとしてもうまくいかない場合があります。それは、「弱みを自覚していない、または隠そうとしている人」です。

意外に思われるかもしれませんが、**共創の秘訣は「凹をさらすこと」**なのです。凹を隠そうとせず、「私はここが弱みです」とさらすことで、場の心理的安全性が高まります。賢者を装うためのヨロイを脱ぎ捨て、みんなが弱みを語り合える状態になって初めて**本音の意見のすり合わせが起こり始める**のです。

ジグソーパズルで、どのピースも凸ばかりで凹がないと、組み合わせようがありません。共創体質の人は、むしろ**「自分の凹は他人の凸を活かすためにある」**と考えます。多くの人は、凹を埋めようと努力をしたり、ニガテなことをガマンしてやったりしがちですが、それは「乗」ステージにおいて「誰も得意な人がいないと判明したとき」の最終手段です。

凹をさらすことには抵抗を感じる人がいるかもしれませんが、凹が明確になることで、「そこがニガテなら、私が得意なのでお手伝いしましょうか？」と言ってもらいやすくなります。凹は積極的にさらしていって、「誰かこれができる人いませんか？」と呼びかけていったほうが、共創が成立しやすくなるのです。

凹を埋める努力をする代わりに、自分の凸に磨きをかけていくことで、共創がさらにうまくできるようになっていきます。

凹にモザイクをかけるような努力はもう要りません。**自然にしているだけで大丈夫**です。

ヴィッセル神戸のネットショップで、メルマガを何度か出しているうちに「ネタのバラエティが足りない問題」が露呈してきました。そこで、他部署の人に「ネタが足りないので協力してもらえませんか」と話すと、「いいよ！」と言ってもらえました。

広報宣伝チームから「試合の事前告知」「試合速報」「キャンプレポート」などをメルマガで配信してもらうようになったおかげで、メルマガ内容のバラエティが一気に豊富になって「いつも商品案内ばっかり」と思われなくて済むようになり、しかも広報宣伝チームがメルマガ読者を増やす重要性を理解してくれました。これによって部門横断的なイベントがやりやすくなっていきました。

その後、小学生向けのスクール担当者から、「スクールでやっていることをたくさんの人に知ってもらいたいと思っているけど、あまり何もできてなくて……」というハナシが。

「見学行っていいですか？」「ぜひ来てください！」ということで、メルマガで素人目線満載のスクールレポートが配信されました。

こちらが凹をさらすと、相手も凹をさらしてくれるようになりやすいのだと学びました。

またあるとき、ピッチ店長と「新商品が足りない～」と話しているうちに、オフィスにいた何人かで「ネットショップで売れる、何かおもしろい商品・サービスをつくれないか」という雑談になりました。

ふと「試合の前のスタジアムツアーはどうか」というアイデアが出ました。

そうしたら、

運営：「できますよ。こういうコースでどうですか」

営業：「ぼく引率やりたい。名前はミスターレッドにして、全身赤い服を着ます」（↑名字が赤井さんだから）

チーム：「ベンチ入りしなかった選手を、最後にサプライズで登場させましょう！」

全員：「おおお、それいい！」

というふうにトントン拍子にハナシが進んで、あっという間にリリースされました。しかも、毎回すぐに完売してしまう人気企画になったのです。

売るものが足りない、と凹をさらしたことで「共創」がうまくいった経験でした。

共創するなら、賢者に見せるのはやめよう

愚者と思われても**自然体**でいよう

シナジーを生み出す「滝の法則」

「乗」ステージでは、うまくいけばシナジー（相乗効果）が生まれます。でも、ただ人を集めただけでシナジーが起こるかというと、まったく起こらない場合もあります（そういうときのほうが多い）。

どういう場合にシナジーが起こって、どういう場合に起こらなかったのか。

こんな体験があります。

ネットショップ店長さんを集めた合宿のハナシです。２００１年に「虎の穴」という名前で、「売り上げを10倍にする方法を考えよう」をテーマに２泊３日の合宿をしました。メンバーは多様で、23名みんな異業種。店舗運営ステージも、月商数十万円から数百万円とバラバラ。経営者もサラリーマン店長も混ざっています。

ただ、業種やステージが違えども、同じ楽天市場でネットショップをやっているので、共通の話題があり、共通言語もあります。しかも全員異業種なので、包み隠さずオープンにノウハウを出し合っていました。ふだんの店長業は一人でパソコンに向かう孤独な作業のため、他店の実践談はヒントの宝庫。みんな寝る間も惜しんで語り合っていました。

その成果として化学反応が起こり、売り上げ10倍を超えるお店が多数出現。メンバー間で、お互いのお店を「こんなおもしろい店長さんと知り合った」とメルマガで紹介し合ったり、コラボでプレゼント応募時の「合言葉」を決め合って相手の常連さんをおもてなししたりするなど、共創も生まれました。手応えを感じた私は、虎の穴合宿を2期、3期と継続的に開催するようになりました。

それから2年ほど経って、虎の穴メンバーの中にも月商1000万円を超えるお店が増えました。すると、「また合宿に行きたい。次は月商1000万円オーバーの店舗限定でやりたい」という声が出てきました。賛同者が多かったので、実施の運びとなりました。

そうしたらなんと……いつもより**「全然盛り上がらなかった」**のです。

なぜか。

これまでの「売り上げ規模不問」だったときは何が起こるかというと、店舗運営ステージの低い店長さんが、ステージの高い店長さんに「どうやっているんですか？」と質問します。答える店長をAさんとしましょう。Aさんが「ウチはこんなふうにやっているよ」と話すのを、Aさんと同ステージのBさんが横で聞いていて、「なるほど、勉強になる！」と膝を打つようなシーンがたくさんありました。

ところが、月商1000万円超でセグメントした結果、何が起こったかというと……お互いが「ウチがやっているようなことは、みんなすでにやっているだろう」と思ってしまって、自分から積極的に話さなくなったのです。その結果、合宿中のコミュニケーション量が激減したのでした。

流れが生まれるのは、高低差があるとき。高低差があると滝が流れますが、高低差がないと沼のように動かなくなってしまうわけです。コミュニケーションの流れも高低差が大事だったのです。いわゆる「選抜チーム」には共通する落とし穴だと思われます。

この教訓を**「滝の法則」**と呼ぶことにしました。

それ以来、「階層別にセグメントした研修」を企画したことはありません。その階層に必要な知識が明確で、それを効率的に伝えるだけが目的なら階層別研修は機能するかもしれませんが、私の企画は「掛け算的な化学反応が起こること」を目的とするからです。

なお、高低差というのは、上位者と下位者という階層（ヒエラルキー）構造を持ち込むことではありません。むしろ逆で、売り上げが高いほうが偉いとか、ネットショップ歴が長いほうが偉いとか、経営者のほうが偉いというような区別なく、**フラットにつながる**ことが大事です。強みや経験値に多様性があることでギャップが生まれ、その余白を埋めるべくコミュニケーションが交わされる、というのが「滝の法則」の意味合いです（「余白の法則」の仲間なのです）。

こうして、虎の穴合宿を通じて「シナジーを生むチームのつくり方」を学んでいきました。

整理をすると、

- 共通テーマのもとに集まった多様性のあるメンバーで、
- 共通言語を使って思いっきり話し合うことで、
- 化学反応が起こるような横のつながりをつくる

ということです。

そんなふうに思っていた私は、のちに、ある本を読んで驚愕します。

糸井重里さんが書かれた『インターネット的』（ＰＨＰ研究所）です。

曰く、インターネット的なものの本質は**「リンク・シェア・フラット」**だと。

「これはまさに虎の穴そのものではないか」と思ったのです。「横（フラット）のつながり

（リンク）で情報共有（シェア）をする」わけなので。

期せずして、リアルな合宿の量稽古（21期までやりました）を通じて「インターネット的」なチームづくりの腕を磨けていたことになります。この経験が、のちの「チームビルディング」や「ファシリテーション」の強みにつながっていきます。こうして共創の作法を学びつつ、タンポポの綿毛のホワホワが増えていったのでした。

とにもかくにも、顔ぶれは豪華なのにコミュニケーション量が増えないときは、ひとまず「滝の法則」の視点でまわりを観察してみることをオススメします。

チームをつくるときは、異なるタイプをフラットにつないで情報を共有しよう

化学反応時のカオスを乗り越えよう

お互いに意見を言い合える「心理的安全性」ができあがり、本音の対話が進んだ結果、意見の相違が発生します。これは化学反応が起こる際の「健全なカオス状態」です。

このカオスを乗り越えるのに必要なのは、「自分が正しくて、相手が間違い」という思考を捨てること。**自分が正しくて、相手も正しい**場合がたくさんあるからです。

人によって判断が違う原因は、**「見えているものが違う」**か**「価値基準が違う」**か**「その両方ともが違う」**かの3通りしかありません。

「全員が正しい」というところからスタートして、違いの理由をすり合わせるために対話をすることがチームビルディングです。

ちょっとした言葉遊びになってしまいますが、**「間違い」とは相手の正解と自分の正解の「間が違う」だけ**なのです。

ならば、個人としての正しさは全員がもったまま、**メンバー同士で「間」をチューニン**

グすればいいことになります。見えているものや価値基準がすり合わさって「よい間合い」になったときに「チーム」が生まれます。

今ならそうとわかるのですが、そこに気づかずに失敗したことが多々あります。

そのひとつが「楽天出店者向け月刊誌」の創刊プロジェクトです。

制作パートナーが決まり、互いの強みを掛け合わせてよいものをつくっていくステージに入りました。しかし、ここから制作パートナーとの激しいぶつかり合いが始まります。

というのも、店舗インタビューで上がってくる原稿が私にとっては「あり得ない内容」だったのです。

それはこんなストーリーでした。

実店舗の商売が右肩下がり。ネットに活路を、と楽天に出店を決意。パソコンがニガテなので悪戦苦闘しながらもようやくネットショップオープン。しかし期待は裏切られ、まったく売れない日々。一時はやる気をなくしたが、きっかけがあって着火。寝る時間を削ってがんばっているうちに売れ始める。あるとき、注文が爆発。徹夜で発送をするも納期遅れでクレームが続出。バックオフィスの体制を見直して効率化。新たに目標を月商1000万円に設定し、がんばった結果、達成。次は月商3000万円を目指すがハードルが高い。なりふり構わずセールをし、遂に達成。しかし蓋を開ければ大赤字。そこから「自分のやりたい商売」を見つめ直す。スタイルを変えた結果、当初は売り上げがガタ落ちしたものの、じわじわとファンのお客さんが増えてきて最高益を記録、今は商売が楽しい。

いかがでしょうか。いいハナシだと思われたかもしれません。実際、いいハナシです。制作パートナーは「取材で感動した」と言って、この原稿をつくってきてくれました。

では、何が私にとってあり得なかったのかというと、「相当数のお店がこのような経緯をたどってきた」ということなのです。つまり、制作パートナーがインタビューから拾った部分は、よくある「テンプレート」のようなストーリーだけだったのです。

当時の私はまだ「共創の作法」がわかっていなかったので、「この原稿はあり得ない」「いやいや、これのどこがおかしいのか」と激しい言い争いになりました。

このギャップの原因は、「見ている母数が違うこと」でした。

今思えば、どちらも正しいことを言っています。私にとっては、「そのお店がほかのお店とどこが違うのか」が大事だったわけです。両者の視点や基準が違っているのに、すり合わせもなく進めてしまったがための悲劇。

しかし、当時の私はそんな原因分析もできなかったので、「もういいです」と怒りに任せて原稿をすべて書き換えて「これを載せてください」と言いました。以前、マネジャー的なポジションになって、メンバーにダメ出しをしたときと同じことの繰り返しです。

ただ、今回違うのは、初めての「自分では全部できない仕事」だということ。そのまま険悪な関係性だと進まなくなってしまいます。ハラを決めて、話し合うことにしました。すぐには収まりませんでしたが、何度か取材を重ねていくうちに私の言う「テンプレート的な部分」が共有できていき、初めてチームになれた気がしました。

このときに「自分が正しいときは相手が間違っている」という考えを手放すことができました。

自分が正しいときは相手も正しいのです。あとは見えているものや価値基準を**「あきらめないですり合わせる」**ことが共創の作法だと学んだのでした。

意見が異なったら、
「自分も正しい、相手も正しい、全員正しい」
と唱えよう

チームビルディングとマーケティングを掛け合わせてみたら

「共創の作法」のハナシが続いたところで、再び「独創の作法」に戻って、自分の専門分野同士の掛け合わせにより新しい価値が生まれたエピソードを紹介します。

2007年に、私は組織開発ファシリテーターの長尾彰さんと共同で、「チームビルディングプログラム」を開発しました。

出会った当時の私は、会社が20人から数千人になって「組織の成長痛」をひととおり体験できたおかげでチームづくりについて自分なりのコンテンツはあるものの、体験型の伝え方がわからなくて困っていました。すると長尾さんは、「体を使ったゲームのようなアクティビティを通じて、チームワークやリーダーシップに関する気づきが得られる体験型プログラムをやっている」と言うのです。

パズルのピースの凸と凹が「カチッ」とハマった音がしました。

そこから100時間以上の話し合いを経て、全3ヵ月間のプログラムができ上がりました。それが好評を博し、9期まで開催したときのこと。

商売（マーケティング）とチームビルディングを一緒に学んできた仲間（楽天出店者さん）が増えてきたことで、**「商売って結局、お客さんとチームになれたら最高だよね」**というハナシで盛り上がるようになりました。

そこで「お客さんとチームをつくる」というコンセプトを、チームビルディングとマーケティングを掛け合わせるという意味で「チームビルディングマーケティング」と名付け、3ヵ月間かけてみんなで試行錯誤する実践プログラムをやってみました。

参加メンバーの一人で、三重県の苗木店「花ひろばオンライン」の店長・高井尽《つくす》さんが「ウチは『レモン部』をやろうと思う」と言いました。

仲：「レモン部って何ですか？」

高：「みんなでレモンを育てる部活です。入部するとレモンの苗木が届きます。部員さんは月に1回、レモンの苗木の写真を撮って、成長日記を書いて顧問の私に送るのがルール」

仲：「おもしろそう。園芸の素人でも参加できますか？」

高：「みんなで育てる楽しみを味わおう、というのが理念なので、誰でも参加できるようにしたいなぁ。届いた成長日記には、顧問のコメントをつけてお店のページにアップしていきます」

というわけで、レモン部が募集開始となりました。園芸ド素人の私も、思わずポチッと入部ボタンを押してみました。

苗木が届いてレモン部スタートです。

同期の部員が30人います。アップされる成長日記を見ていると、順調なときは「花が咲きました」とか「実のようなものが付きました」といった内容で、顧問のコメントも「いいですね」と平和な感じです。それが一転、病気とか害虫でトラブルが起こった部員が「何か大変なことになってます！」と写真を送ると、顧問が「これは◯◯という害虫だからこうしたほうがいいです」と対策を教えてくれます。

また、「レモン部メルマガ」が不定期で配信されてきます。花が咲いたのに、実が落ちてショックを受けている部員が何人も出てきたときには、「『結果』と『成果』の違いってわかる？」とあって、次のようなことが書かれていました。

植物が実を結ぶことを「結果する」と言います。植物というのは必ずいつかは結果します。

ただ、食べてみたらあんまりおいしくないし、大きさも小さかったりすると、それは「結果した」とは言えるけど「成果」とは言えないと思います。「成果」というのはたぶん、結果の中につくり手の思いが実現したときにそう呼べるんじゃないかな。結果を焦らず、成果を待ちましょう。

そんなことが書いてあるメルマガを読んでいると「レモン部深い!」「園芸深い!」と思えて、おもしろさが倍増するわけです。

Facebookグループで「部室」もできました。すると、コミュニケーション量が増えていき、一人の書き込みにコメントが100件以上つくようなやりとりが頻繁に行われるようになりました。誰かが質問すると、顧問が見たときには、園芸に詳しい部員が回答して解決済みとなっている、ということも起こってきました。

仲良くなった部員がリアルで一緒に遊びに出かけるようにもなりました。

ある部員が部室にアップした写真を見て、別の部員が「その鉢、おしゃれですね。どこで買ったの?」と聞き、「顧問の店で売っている鉢カバーを買ってみました」と返信したときのこと。そのやりとりを見て、「じゃあ私も買おう!」という人が何名も出てきました。同様に「顧問のお店でこの肥料を買った」という人が出てきたら、「私も!」という人がたくさん現れました。

顧問はそれらを見て、「あぁ、ソーシャルショッピングってこういうことか。『友だちがいいと言うから買う』というのはこういうことか」と実感できたのだそうです。

顧問がよく使う、「部員さんはレモンを育てています。私はレモン部を育てています」という表現から、チームビルディングマーケティングのスタンスが伺えます。時間をかけて関係性をつくっていくわけです。

こうして、私の専門分野である「マーケティング」と「チームビルディング」を掛け合わせたら、**「価格競争による消耗戦から抜け出せる商売スタイル」**が生まれました。

私にとっては、タンポポの綿毛が大きく成長した感覚です。

「お客さんとチームをつくる」

ということを、真剣に考えてみよう

お客さんとチームをつくる

南三陸町楽天出店プロジェクト

「レモン部」のように、私自身もお客さん（楽天出店者さん）とチームをつくって活動しています。中でも印象的なのが、「南三陸町楽天出店プロジェクト」です。

東日本大震災から2ヵ月後の2011年5月中旬、オフィスにいると同僚から「ちょっと相談が」と言われて、プロジェクトを手伝うことになりました。

仲：「商品は何を？　海産物？」

同：「それが、売るモノがないらしいです。漁業はまだ再開してないので」

仲：「売るモノが、ない!?」

同：「津波に流されずに残ったモノの中から商品にできそうなモノはないか検討中とか。あと、花火を売りたいという案があると」

仲：「は、はなび？」

同：「毎年、花火大会をやっていたそうで、地元の有志が『今年やらないと津波に負けた気がするので、ふんばって子どもたちに花火を見せてやりたい』と動いているらしく。5月27日に現地へ行くので、一緒に行きましょう。それとオープン予定日が決まっていて、6月9日です」

仲：「えええ。急すぎないですか？」

同：「震災から日が経つにつれて南三陸町からメディア関係者の姿が少なくなって、最近では『毎月11日』に取材が集中してしまうようになりつつあるそうなんです。だから、震災からちょうど3ヵ月の6月11日までに間に合わせたい、という話になっていて」

仲：「うーん、どうやったらできるかなぁ……。そうだ、店舗さんたちにも仲間になってもらおう！」

というわけで、早速、主宰しているFacebookグループで一緒にやってくれる人を募ったところ、すぐに10名ちょっとの店舗さんたちが名乗りを上げてくれました。

サイト全体のデザインを考えるのが得意な人、ページ制作が得意な人、バックオフィスまわりが得意な人、企画を考えるのが得意な人、いろんな強みをもった人が集まりました。本当は、そのFacebookグループメンバーのほかにも「手伝うよ！」と言ってくださる方が何人もいたのですが、人数が多くなりすぎたり、「はじめまして」の関係が増えると動きにくくなるので、今回はそれ以上メンバーを増やさず「すでにお互いコミュニケーションがとれているメンバー」でいくことにしました。

あと私がやったのは、**「やりたいのはこういうことです。それぞれが強みを活かす役割分担をみんなで話し合って決めたら、あとはやり切ってもらえれば」**という方向性を示したことだけでした。

出店主体である観光協会の人たちに会いに行って、打ち合わせをしました。売り物は、やっぱり花火しかないと言います。花火大会のタイトルは「こども夢花火——10年後の花を咲かそう」に決まっていました。「子どもたちが10年後に、『あのとき大人がふんばって自分たちに花火を見せてくれたんだな』と気づいてくれたら、きっと地元のためや自分の次の世代のためにがんばる大人になってくれるはず」という想いが込められたものです。

ただ、これまで花火大会を支えていた地元の企業も被害を受けており、資金の目処が立ちません。必要経費は、ざっと見積もって1500～2000万円。その資金をネットショップで集めたいというのです。

しかも、南三陸町のメンバーとしては「寄付は募りたくない」という意向でした。というのも、当時は日本中が「何か自分にできることはないか」と思い悩みながらも、どうしてよいかわからず、どんよりと沈んだ雰囲気になっていた頃。そこで、「南三陸町にいる私たちが、寄付に頼るのではなく自分の足で前に進んでいる姿を発信することで、全国の人に元気を届けられないか」という意向でした。お金を恵んでもらうのではなく、価値を提供して買ってもらう「等価交換」的な関係性にしたいと。この志の高さはプロジェクトの「強み」になりそうです。

ただ、「買ってもらう」といっても、買った人の手元に花火が届くわけではありません。通常の物販でもないし、寄付でもない。では、どういう形にするか。

検討の結果、商品としては「手元には届かない（花火大会で打ち上げる）花火玉 ＋ 手元に届く記念グッズ」を買ってもらうカタチになりました。価格帯は、選びやすいように10万円、1万円、3000円の3つに決定。たとえば、10万円を買うと「8号玉以上の花火一発以上を打ち上げ。こども夢花火写真集への名前掲載と写真集贈呈ほか」といった商品内容です。今ではクラウドファンディングでよく見かけるカタチですが、当時はまだクラウドファンディングという概念すら知りません。

ひとつ、大きな問題がありました。

当時すでに、被災地沿岸で花火大会をやるプロジェクトの募金を行っている団体があって、サイトを見ると、募金スタートから1ヵ月ほど経っているのに200万円しか集まっていなかったのです。

1500万円を集めるには、並大抵のページではダメだ。見た人の心に響く内容にしないと……と思うわけですが、東京にいて震災の実感がないと、被災者感情を考慮しようにもどのあたりまで触れてよいものかの基準がわかりません。

そのとき、「じゃあ俺やります」と手を挙げてくれたのが、兵庫県のメンバーでした。「阪神大震災の被災経験者であることが俺の強みだもんね」と。

結果、自分たちでも思わずグッときてしまうようなページコンテンツが上がってきました。

ネットショップオープン当日の6月9日。

15時の販売開始直後に、三木谷社長が「私も買いました」とTwitterでつぶやいたのをはじめ、出店プロジェクトメンバーの店長さんたちがメルマガやSNSでメッセージを発信。これが多くの人たちの共感を得て、情報が加速度的に広まっていきました。

その結果、2000万円分の花火が5日間で完売。購入者の合計は1626人にのぼりました。

南三陸町の人たち、支援チームの人たち、花火を支援買いした人たち、みんなの強みが掛け合わされた「成果」が出たのです。しかも、この取り組みなどが認められ、南三陸町観光協会は、経済産業省主催の「中小企業ＩＴ経営力大賞」の審査委員会奨励賞を受賞していました。

私にとっては、自分が手を動かすのではなく、集まったメンバーが動きやすい環境をつくることに専念するというファシリテーター的な役割をした経験となりました（何もしてない風リーダーシップ）。さらに、オンラインのコミュニケーション（リモート）でも、やり方を工夫すればチームはつくれるという成功体験を得ることができたのでした。

お客さんと同志になれるという体験は、仕事をする中でも究極の醍醐味ではないかと思うので、多くの人に味わってもらいたいです。

自分たちだけでやり切れないプロジェクトは、お客さんとチームになるチャンスにしよう

「乗→除」

次のステージに進むための
持ち物リスト

必須アイテム

- [ ] タンポポの綿毛理論
- [ ] 展開型7つの作法
  - ① 夢中ゾーンのキープを目指しつつ、違和感を見逃さない
  - ② ふだんから口頭やSNSなどで「好みの情報」を発信しておく
  - ③ 信頼する人からの頼まれごとは「はい」か「イエス」で答える
  - ④ 趣味の分野にしがみつこうとしない
  - ⑤ 流れの「意味」を考える
  - ⑥ 迷ったら、正しいほうよりワクワクするほうを選ぶ
  - ⑦ 収支を合わせる（やった甲斐があると思える状態にする）
- [ ] 他流試合の経験
- [ ] マジックワード「それはちょうどいい」
- [ ] 滝の法則
- [ ] リンク・シェア・フラット
- [ ] 他者の凸と自分の凸を掛け合わせて価値を生み出す経験
- [ ] 他人の凸を活かすために自分の凹を活かす経験
- [ ] お客さんとチームをつくる経験

不可アイテム（手放す必要があるもの）

- [ ] セグメント至上主義
- [ ] 「自分が正しいときは相手が間違っている」という考え

STAGE 4

÷

除

何にもしばられない
自由な働き方

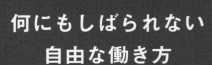

「乗」のワナを乗り越えろ

「加」ステージでできることを増やし、「減」ステージで常識を手放して強みを磨き、「乗」ステージで流れに乗って出会った人とチームを組んで新しい価値を生み出してきました。

きっと、仕事が楽しくてしかたがなくなっていると思います。

ただ、そこにもまた違和感がやってきます。

「あなたの強みが必要だから一緒に組みませんか」というオファーが来るようになるのがうれしくて調子に乗ってホイホイと受けているうちに、気づけば関わっているプロジェクトが増えすぎてどれも中途半端になっている、または自分の強みが「消費」され、自分としても「こなし仕事」になっている気がすることがモヤモヤの種に……という「乗」のワナがあるのです。

振り返ると、「加」で仕事が増え、「減」で減らして、「乗」でまた増えたわけです。そこで次は振り子が戻るように、また減らすステージが来ることになります。それが「除」

です。

本書の「はじめに」で述べたように、割り算のイメージで仕事を因数分解して、「自分が強みとする作業をひとつやっていると、自分の関わるすべてのプロジェクトを同時進行させることができている状態」をつくります。

「5」の作業が一番の強みで「3」の作業も得意な場合、「5」の倍数の「50」や「100」のプロジェクトだけを選び取り、「3」の倍数のプロジェクトは断る。そうすれば、「50」の仕事をしているときでも「5」の強みは磨かれていくから、兼業している「100」のプロジェクトも同時に進んでいることになるという「統業」の状態が生まれるのです。


複業のことを「パラレルワーク」ということがあります。ただ、パラレルとは「平行」のこと。平行線だと、いつまで経っても交差しません。私は複業をひとつに統合することが大事だと思っている派なので「パラレルワーク」という表現は使いません。

「統業」のためには、流れに乗って散らかしてきたもの（複数のプロジェクト）を「メインの強み」でくくって片づけながら、全体をシンプルにしていくための視点やプロセスが求められます。

では、「除」のステージに進みましょう。

「一見関連のない複業が、すべてつながっている」ようにする

仕事を始めてほどなく気づいたのですが、「マルチタスク」というやつがニガテです。複数の仕事を同時並行的に進めていくというアレ。

ひとつのことに没頭したい体質なのに、マルチタスクだと気が散ってしまうのです。

最初のうちは、やることをリストアップして「未完了をなくす」ようにしました。がんばって片づけていってシングルタスク状態をつくろうという、原始的な方法です。

ただ、次々と新しいタスクが入ってきて全然なくならない。そのやり方だと「緊急ではないが重要な仕事」が後回しになります。本の執筆などは特にそうなりやすく、いつまで経っても未着手ということになりかねません（というか確実にそうなる）。

そこで、**どうやったら複数の仕事があっても「シングルタスク風」にできるか**を考えてきました。

そんなとき、会社の広報担当から、「ウェブメディアさんからネットショップ系の記事で連

載のオファーをもらったんですけど興味あります?」と言われました。

「それはちょうどいい、本を書くチャンスにしよう」と思って、引き受けることにしました。まさに緊急性のない本の執筆は後回しになっていて、書き始めるきっかけをつかめずにいたのです。しかも、本一冊を一気に書くのはしんどいなと思っていたので、「ウェブ連載だったら締め切り効果もあって記事を小出しにアウトプットできるから、あとでまとめればラクに書籍化できるのでは」と考えたのでした(考えが甘いでしょうか)。

連載は12回続いて、記事の「いいね!」の数も多く好評だったことから、「出版部門の企画会議を通ったので書籍にしましょう」という展開になりました。

そこまではよかったのですが、12回分だと本の半分ほどのボリュームにしかならず、結局また「しんどい~」と唸りながら残りを書き下ろしました(やっぱり考えが甘かった)。

この連載を振り返ると、結果的に複数の仕事が同時に進んだことになっていました。

連載を続けることで、出版できただけでなく、ふだんの講座(講演)内容もブラッシュアップされました。また、楽天関係者以外に「楽天市場に魅力的な(おもしろい)お店があること」を知ってもらう機会となったようで、「セールとポイントばっかりかと思ってたけどイメージ変わった」と言われ、社外広報にもつながりました。意外だったのは、SNS経由で楽天の他事業や開発部門の社員に広がって、社外の人と同様に「知らなかった」と社内広報にもなったことでした（会社が大きくなると社外経由のほうが社内共有されやすい？）。そして、新たな仕事のオファーにもつながっていきました。

このように、仕事と仕事のつながりを何とかうまく設計しようと試みることで、「シングルタスク風」になっていったのでした。

ポイントは、**「自分が提供している本質的な価値は何かを自覚すること」**と、**「つながり方を俯瞰的かつ中長期的にデザインすること」**です。

マルチタスクが好みでなければ、異なる仕事の共通点探しに没頭しよう

「ワーク・ライフバランス」から「ライフワーク・バランス」へ

そんなふうに一見関連のなさそうな複業でも、「すべての仕事はつながっている」と思えている状態で楽しく働いているのですが、困ることもあります。

久々に会った人などからよく聞かれる、「今って本業は何なの?」「楽天の仕事と自分の会社の仕事のウエイトって、どうなってるの?」という質問です。

「本業とか副業という区別もないし、やってることは全部つながっているからウエイトという概念もないんですよ~。強いて言えば、メインの仕事は楽天の店舗さんと遊ぶ係です」と答えると、明らかに頭の上にはてなマークが浮かんだ顔をされます。

みなさん、世の中を分断して考えるのが好きみたいです。

私は逆に「つながり」を考えるマニアなので、ハナシが嚙み合いにくいのかもしれません。

つながりマニアとはどういうことかを共有したいので、大学時代の卒論のハナシを聞いてください。テーマは「刑法における因果関係」でした。

次のような事例が出てきます。

被告人が、被害者Aさんの頭部を洗面器で殴って脳出血・意識消失させ、資材置き場に運んで放置しました。Aさんは脳出血で死亡したものの、実は被告人が放置したあと何者かが角材でAさんの頭部を殴ったことが判明。そのとき、被告人の行為と死亡の結果との間に因果関係を認められるか——。

ややこしいハナシです。

最初に殴った被告人の行為が致命傷だったのか、あとから殴った何者かの行為が致命傷だったのか、それともどちらの行為も致命傷とは言えないが合わせ技で一本だったのかなど、状況によって「行為と結果のつながり」の解釈が変わってくるわけです。「ひとつの結果には複数の原因があって、その影響度合いも大小さまざまなんだよなー」と、そんなことをグルグルと考えている大学生だったのでした（暗いですね）。

そのおかげで働き始めてからというもの、「この商品が売れたのは、営業マンの手柄か、宣伝の手柄か、開発者の手柄か、クチコミしてくれたお客さんの手柄か、全部の合わせ技か——」などと考えてしまうわけです。だから、もし会社や上司に「売れたら営業担当者だけの成績」という短絡的な評価基準しかなかったりすると、「社内で評価されるためだけにがんばるのはやめよう」と見切りをつけたくなってしまうのでした（「減」ステージ参照）。

ハナシを元の流れに戻すと、「すべての仕事はつながっている」という認識をもてる人は、いろんな因果関係の経路が見えているということです。

現代において、ある事象が起こるときの因果関係は、複雑にからみ合っています。複雑なものの一部だけを切り取って「明確な指標」や「わかりやすい成功事例」などをつくっても役に立たないどころか、弊害をもたらすことになる場合がほとんどです（指標を達成したのに、または成功事例どおりにやったのに全然うまくいかないパターン）。

複雑なものは複雑なまま扱うことが大切です。

ただし、**本質がどこにあるのかを見極めた上で、働きかけ自体はシンプルにする**のが「除」の作法です。

「除（割り算）」というと「物事を割り切って解釈する」ようなイメージをもつ人がいるかもしれませんが、そうではありません。複雑な全体を自分の都合で割り切って単純化・分断化した「仕事らしきもの（価値を生み出す因果のつながりをもたない作業）」というのは、噛み合っていない歯車を回すようなものだからです。

割り切り型（分断型）の発想は、本書でいう、ひとつのことをやっていれば全体がうまくいく「除」のスタイルとは真逆の考え方です。

私の場合は、「店舗さんと遊ぶこと」こそが、つながり合った仕事の中心になっていると感じているので、夢中で遊んでいるわけです。複雑系ではない分断系の人には、「仕事を遊ぶとか、本気で言ってるわけじゃないよね?」と真顔で聞かれますが(笑)。

なお、「ワーク・ライフバランス」という言葉がありますが、「ワークもライフもつながっている派」にとってはあまりピンと来ないハナシです。

それよりも**「ライフワーク・バランス」**が大事だなと考えています。すなわち、人生のうち**「ライフワーク(夢中3条件にあてはまる仕事)」と呼べる活動が何%を占めるか**、です。「除」ステージであれば、ライフワークの割合は全体の8割くらいを目指したいところです(残り2割は新しいチャレンジに使うイメージ)。

抽象的なハナシが続いたので、また実際のエピソードをベースに「除」ステージの作法を考えていくことにしましょう。

分けられないことは、分けられない(わからない)まま で楽しもう

複数の「立場」を使い分け、それぞれの強みを活かす

私には大きく分けて3つの働き方（立場）があります。

ひとつめは、楽天株式会社の正社員。

ふたつめは、自分の会社（仲山考材株式会社）の代表取締役。

そして、個人事業主。

原稿執筆時点で10年以上、このカタチです。仕事をするときは、案件ごとにどの立場を使うのが一番やりやすいかを考えて、使い分けます。

「除」の章までたどり着いてくださった方でなければ理解してもらえる気がしないので、「ようやく具体的な話題ができる！」とうれしく思っています。

例を挙げましょう（詳しめのエピソードにしますので、加減乗除の視点での振り返りなどお

楽しみいただければ幸いです）。

岐阜県庁さんとの共創プロジェクトのハナシです。

もともとは岐阜県と楽天が「いろいろ一緒にやっていきましょう」という包括提携を結ぶところから始まります。県庁側は商工労働部の課長補佐・都竹淳也《つづくじゅんや》さんが実務担当となり、早速、県内のネットショップ運営企業を集めた勉強会「ぎふネットショップマスターズ倶楽部」を立ち上げます。

その勉強会のスピーカーとして私が呼ばれて、100名ほどに向けて講演をしました。終わると、参加者のみなさんがサーッと帰っていきました。私は都竹さんに言いました。

仲：「楽天の集まりだとこのあと懇親会、2次会とあって、打ち解けてきてから急にリアルな商売のハナシになって盛り上がるんです。講演が終わってすぐ帰してしまうなんてもったいなさすぎます。この状態で勉強会を続けていくと、だんだんみんな集まらなくなってきて、事務局側が集客のために有名人を連れてくるようになって、でも有名人のハナシは仕事に直結しにくいから会の趣旨があいまいになっていって、会がダメになる――というのが典型的な失敗パターンとしてあります」

都：「なるほど。次回からは懇親会があることも告知しましょう」

仲：「ただ、あの人数だと多すぎて、懇親会だけでは弱いです。コミュニティのコアになる人たちをつくっていくのがよいと思います」

都：「コミュニティのコア?」

仲：「定員20人で3ヵ月くらいのプログラムをやると、同期のつながりが強くなります。そうすると、その熱がほかの人にも伝わっていくコミュニティになると思うんです」

都：「それ、やりましょう。名刺交換をしている店長さんたちのうれしそうな姿を見て、横のつながりがどれほど大事なのかということがわかりました。ちょっとやり方を考えますね」

仲：「ひとつ大事なことがあって、行政が講座を企画するときはたいてい無料が多いと思うのですが、いくらでもよいから有料にしてもらいたいのです。有料にした時点でやる気のある人だけが集まりますし、モトを取るため行動につながる確率が断然高くなるので」

都：「たしかにそれは言えそうですね。わかりました」

その後、時が満ちまして。

都：「仲山さん、この前のハナシ、今年度は予算をとっていないので、参加費を運営費用に回すカタチにして今年からやっちゃおうと思うのですがどうでしょう？」

仲：「やりましょう！」

なんでしょう、都竹さんのこのスピード感。ベンチャーっぽくて大好きです。なので、都竹さんからの依頼は0・2秒で「はい」か「イエス」と答えると決めていました。

ちなみに、その時期は楽天としての提携活動が一段落ついていた時期だったため、私が「個人事業主」の立場でお手伝いすることになりました。小回りを利かせたいときにこういう自由がきくのは非常に便利です。**「会社に持ち帰って検討します」と言わなくてもよい**というのは、スピードが求められる時代において極めて大きな強みになります。

そして20名が集まって「ECアタマの磨き方」講座が開催されました。参加資格はネットショップ運営者でしたが、結果的に全員が楽天出店者さんでした。この時点で、楽天の仕事なのか個人の仕事なのか、もはやよくわからないわけです（区別する意味もありません）。

参加メンバーのほとんどは、これまで横のつながりが一切なくやってきていて、同じ岐阜県内に仲間が増えたことで一気に活性化。お互いの会社訪問をしたり、それぞれの地域で新たな仲間を集めて勉強会や飲み会を開き始めるという動きが生まれました。

ほどなく「岐阜県のEC支援の取り組みが熱い」というハナシが広まり、他地域の自治体か

アンケート

ご購読ありがとうございます。以下にご記入いただいた内容は今後の出版企画の参考にさせていただきたく存じます。なお、ご返信いただいた方の中から毎月抽選で10名の方に特製ノートを差し上げます。

● 書籍名

● 本書をご購入した書店名

● 本書についてのご感想やご意見をお聞かせください。

● 本にしたら良いと思うテーマを教えてください。

● 本を書いてもらいたい人を教えてください。

ご協力ありがとうございました。

郵 便 は が き

料金受取人払郵便

日本橋局
承　　認

4710

差出有効期間
平成31年11月
15日まで

103-8790

011

東京都中央区日本橋2-7-1
東京日本橋タワー9階

㈱日本能率協会マネジメントセンター
出版事業本部 行

フリガナ		性別	男・女
氏名		年齢	歳
住所	〒 TEL (　　)		
e-mail アドレス			
職業または学校名			

ご記入いただいた個人情報およびアンケートの内容につきましては、厳正な管理のもとでお取り扱いし、企画の参考や弊社サービスに関する情報のお知らせのみに使用するものです。他の目的で利用および提供を行うことはありません。

ら視察が来るようになりました。その対応をずっとしていた都竹さんが、こう言いました。

都：「仲山さん、視察に来る自治体の職員は、みんな間違っているんです。どうやったらネットで県産品が売れるのか、という意識しかない。岐阜の元気な店舗さんは、レディースファッションだったりベーグルだったりで、県産品と関係ありません。でも、ネットショップのお客さんは都市部の人が多い。これって県庁の立場からすると外貨を獲得していることにほかならないんです。県内のネットショップをやっている企業を支援することこそ、行政が最優先でやるべきことだと思うんです」

仲：「行政主導で売ってあげるのではなく、自走支援ということですよね。同感です」

都：「仲山さんと一緒にやってきて、強みのハナシを聞きながらわかったことがあります。行政がこういう事業をやるときの強みは、講座内容の企画じゃないですよね」

仲：「はい、それは私たちの強みです」

都：「行政の強みは、県内企業への告知力と信用力、会場に使えるハコがあること、あとは一度やると決めたら3年くらいは確実にやる継続力ですね」

仲：「おっしゃるとおりだと思います。あと3年と言えば、コミュニティのコアメンバーに自走してもらいやすいように、私は3年経ったらいったん終了にさせてほしいです」

都：「なるほど。いつまでも頼れないようにですね。わかりました」

こうして、都竹さんと「強みの掛け算」ができた結果、岐阜には濃いECコミュニティができました。

岐阜が盛り上がっているのを聞きつけて、佐賀県庁さん・宮崎県庁さんと同様の事業をやることになった楽天担当者から「手伝って」と声がかかって、お手伝いすることになりました。佐賀にも宮崎にも3年通い、それぞれによいECコミュニティができました。

お気づきかもしれませんが、岐阜は「個人事業主」として引き受けた仕事で、佐賀と宮崎は「楽天スタッフ」としての仕事です。やっている内容は同じでもプロジェクトによって関わり方（立場）が違うのです（その後、富山では個人事業主としてお手伝いしました）。

このように、「遊び相手」は同じ楽天出店者さんなのですが、「新しいこと」は誰の許可も得なくてよい個人事業主として立ち上げる。それが軌道に乗って楽天内でやろうということになれば、楽天としてやるという使い分けをしています。

組織が大きくなると、新しいことを立ち上げるのがむずかしくなります。ただ、組織を離れて少人数でやるだけだとなかなか広まっていきにくい。そこで、**「小回りを利かせた立ち上**

げ」と「組織的な運営」という複数の立場それぞれの強みを活かしてプロジェクトをやると、うまくいく可能性が高まるわけです。

また、そういう働き方をしているといろんなことを手掛けているように思われるのですが、やっているのは「同じこと」です。チームビルディングで得た知見を岐阜でやり、岐阜でうまくいったことを佐賀でやり、佐賀でうまくいったことを宮崎でやり、宮崎でうまくいったことを岐阜でやる。そこで実践した経験をチームビルディング講座にも反映させる。チームビルディングがうまくいった会社は商売がうまくいくようになるので、商売系の事例も増えていく。

この全部つながっている感じは、「除」っぽいシンプルな働き方ではないかと思っています。

なお、自分の会社（仲山考材）の使い方はどうなっているかというと、講座やオンラインコミュニティを主宰するのがメインです。

仕事の中で「持ち帰って検討します」と言わずに済む方法を追求しよう

サラリーマンの進化系？
横浜F・マリノスとプロ契約を結んだハナシ。

2016年8月に、楽天創業メンバーの安武弘晃さんからメッセージが届きました。

ふだんやりとりをすることもないので何かと思って読むと、「紹介したい人がいるのですが。キーワードが教育事業とサッカーなので、それなら仲山くんだなと思いついて」とのこと。そうやって「自分の強みの掛け算」部分で思い出してもらえるのはありがたいことです。

紹介された方は、サッカー動画サイトをやっていて、なんと横浜F・マリノスの練習風景を撮影しているというので、練習場で会うことに。

テンション上がります。小学生のときからF・マリノスの前身である「日産自動車サッカー部」ファンだった私にとってはたまりません。

F・マリノスには、一人だけ知り合いがいました。楽天FC（会社のサッカー同好会）で長く一緒にボールを蹴っていて、ヴィッセル神戸でも一緒に仕事をした利重孝夫さんです。

グラウンドで再会をした1ヵ月後、利重さんがマリノス社長の長谷川亨さんを紹介してくれました。ヴィッセルでのハナシやチームビルディングのことを話しているうちに、「ウチでも一緒にやりませんか」ということに。えええ。

長：「何ができそうですか?」

仲：「何ができるというよりも、そこにいる人と話しているうちに盛り上がって『じゃあこんなことができるね』という感じで仕事が決まるというスタイルでやっているので……」

長：「じゃあ、それでいいから一緒にやりましょう」

ということで、なんと何をやるか決めずに入社することになりました。

そのあと利重さんと打ち合わせ。

利：「契約形態はどうしようか」

仲：「いろいろあるんですか?」

利：「正社員、契約社員、あとコーチなんかはプロ契約だね」

仲：「プロ契約っていうのはどういうことなんでしょう?」

利：「個人事業主として会社と契約するのがプロ契約」

仲：「ぼくは個人事業主としても仕事をしているので、プロ契約でいけますか？　単に『マリノスとプロ契約してます』って言いたいだけなんですけど！」

そんな動機だったのですが、後日、「プロ契約でいけるって」ということになりました。**業務内容未定、勤怠自由のプロ契約社員**です。自分で言うのもなんですが、ナゾすぎます。オフィスで最初に話しかけてくれた人がいました。どこかで会ったことがあるような気がします。その人は「菊原です」と言いました。

えええ！　あの16歳で読売クラブのプロになった天才ドリブラーで、元日本代表の菊原志郎さん!?　どうりで見たことある気がしたわけです。聞けば、現役引退後、中学生年代の日本代表コーチを経て、マリノスでジュニアユースの育成コーチをやっているとのこと。実は、「飽きずにやり続けた人が天才」のハナシ（30ページ）をしてくれたのが菊原志郎さんです。

いろいろ話すうちに、「おもしろそうだから、ぼくが受け持っている中学2年のジュニアユースの選手向けに何かやってもらっていいですか？」ということになりました。

こうして月に一回の「ジュニアユース（中2）向け講座」が始まります。内容は、「ものの見方・考え方」や「チームビルディング」的なコンテンツです。商売をしている大人向けの内容と基本的には同じもの。

毎回、講座の最後に「今日一番印象に残ったこと」を一人ずつ言ってもらうのですが、最初は8割のメンバーがコピペのようなコメントでした。誰かが「やっぱり自分の意見を言うことが大事だと思いました」と言ったら、多少表現のニュアンスは違うものの8割が同じ内容なのです。トーンは、中2男子が教室で当てられて答えるときの抑揚のないロボット的な感じ（この表現で伝わりますでしょうか）。残り2割のメンバーだけが自分のことばで話している状態でした。

それが、3回目のときに大きな変化を見せました。「意見はほかの人と違っていてもよい」「沈黙は考える間なので、焦って埋めなくてもよい」などの共通認識ができたこともあるのか、なんと7割のメンバーが自分のことばでコメントするようになったのです。印象に残った部分も多様になり、お互いに「こいつはこんなことを考えてるんだな」という理解がさらに深まるようになっていきました。これは手応えを感じた瞬間でした。

あるとき、別の学年を担当しているコーチが話しかけてきてくれました。

コ：「仲山さん、中2の研修ってどんなことやってるんですか？」

仲：「え、どうかしました？」

コ：「いや、中2の子たちに『研修どう？』って聞いたら、『楽しい』って言うんですよ。あいつらが楽しいなんて言うことはなかなかないので、どんなことやってるのか気になって」

いい感じで興味をもってもらえ始めました。

しばらくして、育成の責任者から、「ビジネスコーチングの研修をやりたいと思ってるんですけど、もしかして仲山さん、できますか？」と相談がありました。「やりましょう！」ということで始まったのが、「育成コーチ向けビジネスコーチング講座」。コーチにコーチングを教えるなんておこがましいので、自称「釈迦に説法講座」と呼んでいました。

すると、それを見てスクール事業のコーチから、「ウチのコーチにも何かやってほしい」というオファーがきました。下部組織（ユースやジュニアユース）とは別に、小学生向けのサッカースクールをやっているのがスクールコーチです。「やりましょう！」ということで、スクールコーチ向け講座も始まりました。そんな感じで「社内クチコミ」が広がって、仕事が決まっていったのでした。

スクールコーチ向け講座では、チームビルディング系の内容をはじめ、「フロー理論」（22ページ）にも踏み込みました。すると、コーチから「以前は子どもがメニューどおりにやっているかを見ていたけど、最近は子どもが夢中でやっているか、退屈そうにしていないか、という視点で見るようになった」という声が聞こえてくるようになりました（うれしい）。また、「夏合宿のときに、子どもたちにチームビルディング講座をやってみたいので、相談に乗ってほしい」ということで、スクールコーチによる小学生向けチームビルディング講座も実現しました（これまたうれしい）。

調子に乗って、商売系のハナシもやってみることにしました。スクールコーチに、楽天の店舗さんの事例を紹介するわけです。よいネットショップはお客さんと遊んで、きちんと利益が出るスタイルを確立できているというハナシをした結果、コーチのみなさんからは「あまりビジネスのことが得意ではなかったけれど、スクールを『事業』として、自分ごととして考えるきっかけになった」といった声をもらいました。

こうして、プロのサッカークラブでも「チームビルディング系と商売系」という**「いつもと同じこと」をやると喜んでもらえる**ことがわかりました。

もちろんマリノスでの経験が、ビジネスパーソン向けの講座で喜ばれることは言うまでもありません。「やっぱりプロスポーツでもあてはまるんだ」と納得してもらいやすくなって、仕事がやりやすくなってしまいました。

このように、流れに身を委ねつつ、**結局どこにいっても同じハナシをしている**のが「除」っぽいなと思うのでした。

これは単に「誰にでも決まりきったコンテンツを使いまわす」のではなく、相手に合わせて入り口のコンテンツを変えながら、流れをチューニングしていきます。そのためには、複数分野のコンテンツがつながっていることがキモになります。

ちなみに、一度、「ECサイトの在庫管理を見てアドバイスしてくれないか」と言われたことがあるのですが、「その知見はまったくないのでスミマセン」とお断りをしました。「あるがまま」の自然体でいるためには、**凸と凹をちゃんと共有して、無理にがんばろうとしない**ことが大事です。

そして、ヴィッセルの仕事が一段落したあと月刊誌創刊の流れがあったように、マリノスの仕事が一段落ついて、こうして本の原稿を書く流れが自然とやって来ています。

「自分は会社とプロ契約している」と考えてみよう

機会があればプロ契約を結んでみよう

「キワモノ」たちは、際に集まる

組織における6つのポジション

2015年のこと。チームビルディングプログラムの相方・長尾彰さんのオフィスにて、新講座（ファシリテーター型リーダーシップ涵養講座）のつくり込みをしていました。白熱してしまって、帰る前に次のお客さんが到着してしまいました。聞けば、「アナザーライフ」という人物紹介サイトの取材とのこと。おもしろそうなので、「もし差し支えなければ見学していてもいいですか？」「どうぞ」ということで同席。取材後の雑談が盛り上がって、私も後日インタビューを受けることになってしまいました（成り行き感がすごい）。

アップされた記事のタイトルは、「飽きずに遊び続けるための、ルールメーカー。レールから外れることで得た自由な働き方とは」でした（ダメな人感がすごい）。

その1年後、記事を見た「リクナビNEXTジャーナル」から取材依頼が舞い込み、「楽天〝自由すぎるサラリーマン〟仲山進也さんの『奇跡のキャリアプラン』」という記事になりました。

さらに、その記事を見た名刺管理アプリ「エイト」が運営するメディア「BNL」から取材依頼が。同じハナシを繰り返すのもアレだな……と思ったので、失礼ながら聞いてみました。

仲：「どのあたりに興味をもってくださったのでしょう？」

エ：「異なるものが混ざり合う場所『際《きわ》』のお話を語られていますが、それはまさに私のメディアでずっと言っていることなんです」

仲：「おおお！　そこですか！」

リクナビさんの記事にはちょっとだけ、「際《きわ》を行き来することで混ざり合いを促進する触媒のような存在に価値があると思うので、そんな仕事ができるように意識しています」とコメントしていて、そこを拾ってくださったと言います。

私は「際者《キワモノ》」でありたいと思っているので、二つ返事で取材をお願いしました。

「際者」は私の造語です（際物ではなく際〝者〟）。「常識や正解（多数派の考え）」とは異なる「回答（自分なりの考え）」に従っている人のこと。変化が生まれやすい「際」を好んで生息しています。

取材を受けた結果、「楽天大学学長・仲山進也に学ぶ、組織の境界にとらわれない『際者《キワモノ》』

としての働き方」というタイトルの記事を書いていただきました。

「どのようにしていまの『自由すぎる』ポジションを獲得したのでしょうか？」と聞かれて答えたのが、【組織におけるポジションの変遷】についてでした。組織の「際」と自分の関係性が徐々に変化しながら今に至っている、というハナシです。

その内容を整理したのが、次の**「際者に至る6つのステージ」**です。

1．中央ステージ

社会人になって最初に入った大企業で配属されたのは、ある事業本部の本部長室でした。際とは縁遠く、むしろ巨大な組織の中心に近いポジションです。社外の人と接することはまったくなく、仕事はすべて社内の人とのやりとりでした。

会社には「情報の波打ち際に行け」というフレーズがあって、ひとつの行動規範のようになっていました。変化が起こったり何か新しいものが生まれるのは波打ち際であり、組織の中心にいたのでは何もわからない、という考え方に触れて、なるほどと思っていました。納得できた分、大きすぎる組織で全体像がわからないままモヤモヤしているよりは、小さくてもいいから全体を把握できた上で仕事をしたいという思いが強まり、縁あって3年目に楽天へ転職します。

図11　組織におけるポジションの変遷

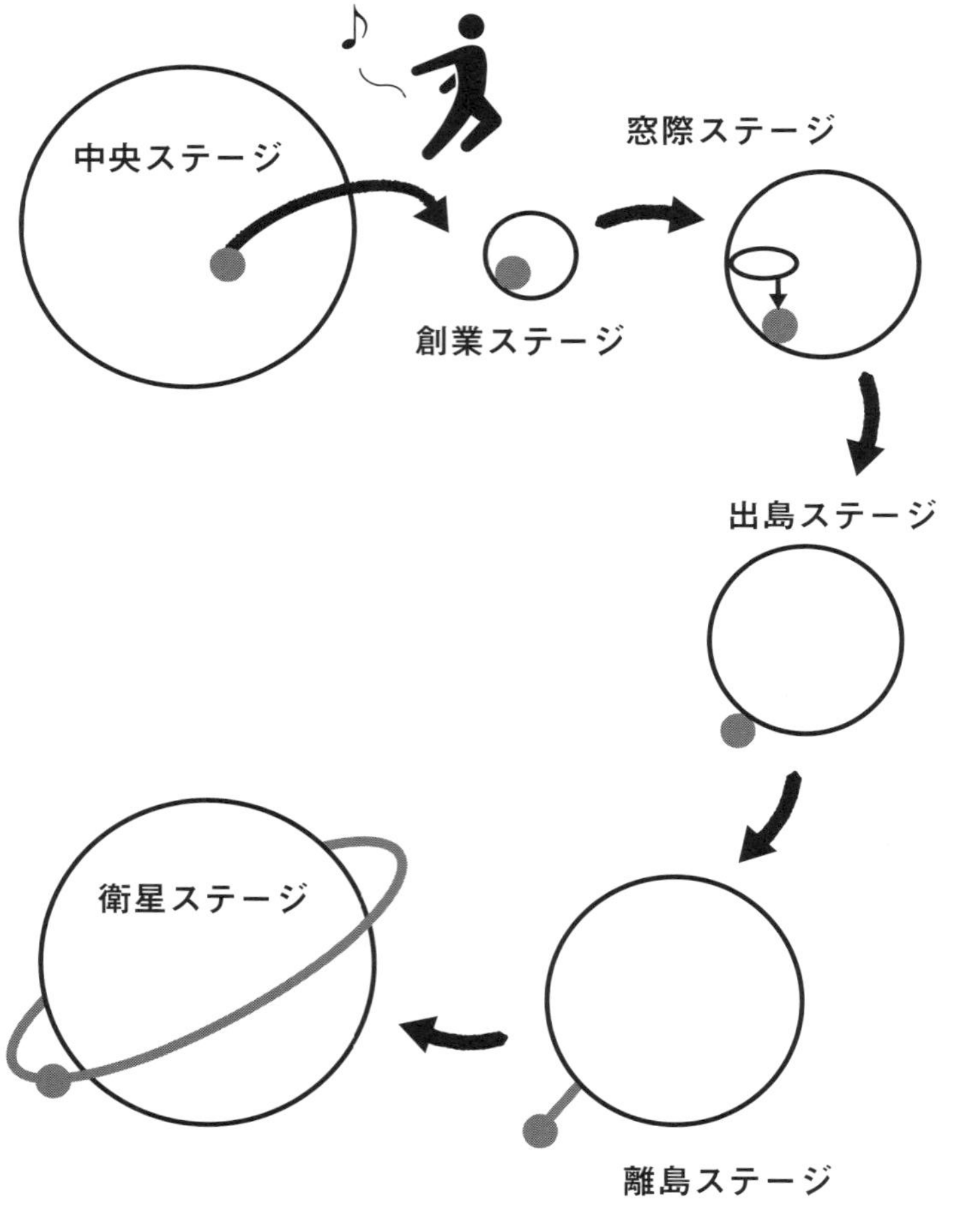

大きな組織ほど、出世ルートに乗ると組織の「中央」へ近づいていき、戦略や計画を策定する仕事になります。しかし、新しいアイデアは、素材となる現場体験の蓄積によって磨かれるもの。お客さんの笑顔にたくさん触れて、「こうすればもっと喜んでもらえそう」とイメージがわくようになってから企画をやると、仕事が「意味」に溢れて楽しくなります。中央にいる人ほど、意識的に現場（波打ち際）に足を運ぶようにしたいものです。

2．創業ステージ

当時の楽天は20人の創業ステージ。日々、まさに際に立って出店者さんたちとコミュニケーションをとる仕事をしていました。一方で中心にいる三木谷社長とも、間にひとり挟むか挟まないかくらいの距離感で仕事ができました。

「創業ステージ体験」は、会社の創業でなくても「プロジェクトの立ち上げ」で味わえます。

3．窓際ステージ

やがて組織が大きくなってくると、際にいながら中心にも近づく「プレイングマネジャー」になりました（図11で、だ円になるイメージ）。ミーティングや社内調整のようなマネジャー業務の重要性が増していきましたが、そういったことにはあまり興味をもてず、マネジャー白旗宣言。中心へのレールを外れ、プレーヤーとして際にい続ける選択をしました。

際でお客さんと接し続けているうちに、組織はどんどん大きくなって、社内はセールやポイントで売り伸ばす方向へ舵を切っていきました。私は変わらず自分好みの「お客さんと遊ぶ商売スタイル」を追求していたら、いつの間にか中央の流れには乗れていない、窓際感のあるポジションになっていました（レールから自由になる）。

4. 出島ステージ

窓際というのはあまり居心地がよくないものです（笑）。一人だけ浮いていて、社内に居場所がないような気がします。

人間、居場所がないキモチのままガマンしていると精神衛生上よくありません。そこで、社内で評価されようとがんばるのはあきらめて、必要以上には空気を読んだり社内に気を遣ったりしないことにしました（評価から自由になる）。

その結果、さらにはみ出ていつの間にか「出島」のようなポジションになっていました。社内との接点より、お客さんとの接点がほとんどどという状態です。「お客さんとともに生きろ」というトム・ピーターズさんの『ブランド人になれ！』の教えに従ってまっしぐら。

5. 離島ステージ

ヴィッセル神戸のお手伝いをすることになり、ほぼ1週間おきに東京と神戸を行き来する生活になりました。出島を飛び出し、「離島」に単身赴任している感じです。それを続けているうちに、「自分が会社にいなくても誰も困らない状態」が確立してしまいました。これが組織の際すらからも離れるスタイルのベースとなりました。いわゆるリモートワークです。

今後、リモートワークが増えていくと思われますが、うまく機能するためには「乗」ステージに達していることが大事になります。そうなっていれば、子育てなどのために長期休暇をとらなくてもリモートでふつうに働くという選択肢も見えてきます。

6. 衛星ステージ

「兼業自由、勤怠自由、仕事内容自由」の勤務形態になったことで、徐々に会社に行く頻度が少なくなっていきました。「遊び相手」である店舗さんと電話やメールで個別にやりとりする時代を経て、SNSやスマホが普及してからはオンラインでの「多対多」コミュニケーションをとるようになりました（おしゃべりが極めてやりやすくなった）。全国各地で、店舗さんと実際に顔を合わせて仕事をすることも増えました。会社にはおらず、「衛星」のようにグルグルと外側をまわるポジションです。おそらく、毎日オフィスにいるよりも、店舗さんとのコミュニケーション量は多いです。

日々の活動はSNSで発信しているので、そこを見てくれている店舗さんは社内の同僚よりも詳しく私の活動や考え方を理解してくれています。

「乗」ステージになってからは、店舗さんが「プロジェクトのパートナー」になることも増えました。岐阜県庁さんとの共創プロジェクト「ぎふネットショップハイスクール」では、地元の店舗さんと私とで一緒に高校へ行き、1年間かけて、生徒自身が商品を企画し、ページをつくって売るまでを実践する授業をやりました。私たちが職員室で打ち合わせしているところを第三者が見たら、「サービス提供者（楽天）とその顧客（出店者）と公務員（県庁職員・高校教員）」が混ざっているようには見えない一体感だと思います。組織と組織がコラボするときには、**際をあいまいにしてかき混ぜるようにしてやるとうまくいく**というのが、私の実感です。

さらに大事なのは「誰とやるか」。特に「際者」同士だと、うまくいきやすいです。

こうして、会社組織の輪郭との関係性は少しずつ変わっていきました。

すべての人がこの順で変わる、というものではありません。ただ、離島や衛星のようなリモートワークをしている人を見て、いきなり上辺だけマネをしてもうまくいかない場合は、「創業」や「出島」などをスモールステップとして、徐々に「オフィスにいなくても誰も困らない状態」をつくるヒントにしてもらえたら幸いです。

また「窓際」にいる自覚がある人には、その先の「出島」に進んでみるという選択肢をおすすめしたいです。

際へ行こう 際でカオスを楽しもう

あなたの「売り物」は何か？

自分は何者か、提供価値は何か

ここで、働き方についての根本的な問い、すなわち**「自分は何者なのか？　売り物は何なのか？」**ということを掘り下げてみたいと思います。

「何のお仕事をしているのですか？」と質問されることが何よりもニガテで、自己紹介がうまくできないことをもどかしく思っていたわけですが、ここにきて立て続けに「あなたはこういう存在です」と表現してくれる人と出会う機会に恵まれました。

一人目は、「あなたはうろうろアリです」と教えてくれた、コーネル大学ジョンソン経営大学院の研究者、唐川靖弘さん。

唐川さんは、働き方に関して**「はたらきアリ」タイプと「うろうろアリ」タイプ**があるといいます。

ある日、アリの大行列がクッキーを運んでいました。ふと気がつくと、隊列から離れてうろうろしているアリがいました。あちこち行き来するうちに、誰も気づいていなかったチョコレートの山に遭遇。一見サボっていそうなアリが新しい価値を見出し、イノベーションを起こしたのです。

唐川さんはそこから着想を得て、人間社会における「はたらきアリ」と「うろうろアリ」を比較しながら考察したのが、次の10箇条です。

その1　はたらきアリは「会社」がフィールド。
　　　うろうろアリは「社会」がフィールド。
その2　はたらきアリは「上」を見て仕事をする。
　　　うろうろアリは「周囲」を見て仕事をする。
その3　はたらきアリは「肩書き」で自己紹介する。
　　　うろうろアリは「志」で他己紹介される。
その4　はたらきアリは「組織」をベースに仕事をする。
　　　うろうろアリは「個人」をベースに仕事をする。
その5　はたらきアリは「群れる」ことで安心する。
　　　うろうろアリは「孤独」を味方にする。
その6　はたらきアリは「自分の城を積み上げ守る」。
　　　うろうろアリは「積み上げたものを壊しても飛び出していく」。

その7　はたらきアリは「誰にでもわかりやすい成果」を求める。
うろうろアリは「一見ではわかりにくい成果」を求める。
その8　はたらきアリは「相手に勝つ競争」を目指す。
うろうろアリは「相手と創る共創」を目指す。
その9　はたらきアリは「チャレンジすること」を恐れる。
うろうろアリは「チャレンジできなくなること」を恐れる。
その10　はたらきアリはワークとライフを「バランス」させる。
うろうろアリはワークとライフを「融合」する。

読んでみると、私は完全に「うろうろアリ」のようです。英語だと**「Playful Ant（遊びまわるアリ）」**とのこと。「仕事を遊ぼう」をモットーにする者からすると、えらくしっくりきます。

「うろうろアリ」の存在価値は、**組織の壁を越え、価値ある何かを見出しつなぎ合わせ、新しい何かを創り出す**ことにあるといいます。まさに「際者」と同じ！

これと極めて近いことを別の切り口で教えてくれたのが、オリ・ブラフマン他著『ひらめきはカオスから生まれる』（日経ＢＰ社）です。

曰く、イノベーション（ひらめき）を生み出すのは**「穏やかなカオス」**だと。

大混乱ではなく、「制御できる範囲内で意図的に招き入れる小さなカオス」が組織を健康にする。カオスが「余白」をつくり出し、それが「異分子」の入り込む余地となり、そこから思いもよらない結果が生まれる。そんな不思議な現象を「計画されたセレンディピティ（偶然）」と呼ぶ――。そんなふうに書かれています。

これまでに述べてきたことと照らし合わせると、こんな感じでしょうか。

【穏やかなカオス】「際をあいまいにしてかき混ぜる」
【余白】「余白の法則」
【異分子】「変人」「際者」「他流試合」「うろうろアリ」
【計画された偶然】「展開型」「何もしてない風」

何やらとてもしっくりきます。自分の仕事の輪郭をはっきりさせてもらえた感覚です。

「あなたはこういう存在です」と表現してくれる人の二人目は、「トラリーマン」だと教えてくれた、ファンドマネジャーの藤野英人さん。

藤野さんは**「3つの虎が日本を救う」**と言います。

ベンチャーの虎…東京を中心に先進的なビジネスで大きく成長する企業家。
ヤンキーの虎……地方を本拠地とし、土着でミニコングロマリットを拡大する企業家。
社員の虎…………会社員・公務員でありながら、社命よりも使命に従い、会社のリソースを使って自由に活動し、顧客のために働く社員（トラリーマン）。

労働人口が縮小し、あらゆる産業が成熟する中で、これまでと違う価値観でビジネスを創出していかなければいけない時代にあって、環境に柔軟に適応してスピーディーに新たな発想を生み出すためには組織の中にランダムでフリーな働き方をする人材が必要だと。それがトラリーマンの存在価値だというのです。

トラリーマンには、次の3つの特徴が共通しているといいます。

①レールから外れた経験のような「痛みを伴う転換点」があること

②突出した結果を出していること（顧客の中に熱狂的ファンがいる）
③経営層に理解者がいること

この「トラリーマン」が全国的に増えているとのことで、「仲山さん、沖縄にすごいトラリーマンがいたよ」と教えてくれたり、「トラリーマン飲み会」を開いてつながりをつくってくれたりします。

三人目は、ベストセラー『最強の戦略教科書　孫子』（日本経済新聞出版社）の著者で中国古典研究家の守屋淳さん。

シリーズ続編となる『組織サバイバルの教科書　韓非子』（日本経済新聞出版社）で、「組織の中で自由のかけらを手に入れるには」というハナシの事例として私を紹介してくれました。

守屋さんの分析によるポイントは二つで、「学長（※仲山のこと）の存在を拠り所とする楽天出店者が少なからずいること」と「社長に対して多様な出店者の声をそのまま伝えられる数少ない社員となっていること」だと。

言うなれば**「あなたは韓非子流・組織サバイバーです」**と教えていただいた感じでしょうか。トラリーマンの共通点とも重なり合っている気がします。

このようなご縁に恵まれたおかげで、自分が「組織サバイバーなトラリーマン」として「うろうろアリ」的に遊びながら「イノベーションを生み出す穏やかなカオス」をつくる係なんだな、というのが見えてきました（まだ自己紹介には使えなさそうですけど、自分の係がわかるだけで勇気100倍です）。

「会社に行かないで何してるの？・」と聞かれることも多いのですが、これで安心して、「イノベーション要員として際をうろうろしています。ああ、忙しい」と答えられます（笑）。

「自分とは全然違うなぁ」と思われた方は、まず、自分のまわりに「トラリーマン」や「うろうろアリ」がいないか探索してみるところから始めてみるとよいかもしれません。

「仕事してなさそうな人」の中に、ピーターさんではない、トラリーマンやうろうろアリが隠れていることが多いはずです。外見上は「何の仕事をしているのかわからない」という点でピーターさんと似ているので注意が必要です。見分け方は、目が死んでいるのがピーターさんで、**楽しそうなのがトラリーマン・うろうろアリ**です（たぶん）。

固まった組織に「穏やかなカオス」をプレゼントしよう

÷

働き方のゴールはどこにある？

「ありがとうと言われて喜んでいるうちは二流」

さて、「自分が何者なのか。売り物は何なのか」がわかったところで、次に、**どのレベルを目指すか**というテーマがあります。

この点について、大村はま著『教えるということ』（筑摩書房）を読んで衝撃を受けました。**「ありがとう」と言われて喜んでいるうちは二流**だというのです。

というのも……先輩教師が大村さんに次のようなハナシをしてくれたといいます。

一人の男が荷物をいっぱい積んだ車を引いていた。ぬかるみにはまってしまって、どうしても抜けられない。それを見ていた仏様が、指でその車にちょっと触れた。その瞬間、車はすっとぬかるみから抜けて、からからと男は引いていった――。

どういうことか。

仏様は、男に気づかれないようにアシストをしたわけです。

選択肢としては、男の前に姿を現して、「あなたを助けてあげましょう」と言うこともできました。そうすれば、ぬかるみを抜けられた男から「仏様、ありがとうございます！」と感謝されたことでしょう。「たまごち」ゲットです。

しかし、仏様はそんな低いレベルでは仕事をしていません。なぜなら、仏様のおかげだと感謝した男は、次にぬかるみにはまったときも仏様を頼る（依存する）ようになりかねないからです。

あえて気づかれないようにアシストすることで、男は「オレってやればできる子だよなー」と自信をつけて、その後の人生で困難に遭遇しても乗り越えられるようになる――。

それが「ありがとうと言われて喜んでいるうちは二流」の意味なのでした。

深いです。深すぎます。

「たまごちゲット！」と喜んでいる自分の浅さが浮き彫りです。

というわけで、目指す境地は、**「自分が関わる人たちはなぜかうまくいくけれど、たまごちをもらうことはない」**という**「何もしてない風」**のプレースタイル。

ここです。

こうして、らせん階段が2周目に入るように、新しい「加」ステージが始まっていきそうな予感がしている今日この頃です。

ここまできたら、思い切って「たまごちゲット」の快感を手放そう

おわりに

「組織にいながら自由に働く」とは、結局のところ、**「組織にいてもいなくても」自由に働ける人になる**ということです（これが言いたかった）。

自由というのは「自分好みの選択肢をもてている状態」です。自由に働くためには、ひとつの組織にしがみつかなくて済むように、「価値を出しつつ仕事を楽しむスタイル」を編み出すことが大事だと思っています。

ただ、働き方については人によって「こうしたほうがよい」というのがさまざまです。本によって真逆のことが書いてある場合もありますし、共感できる本でも「これはムリっぽい」と思わざるを得ないアイデアが書いてある場合もあります。

たとえば、トム・ピーターズさんの『ブランド人になれ！』を読んだときのこと。全体として「おお、その通りだ！」と感銘を受けたものの、どうやっても実践できる気がしなかったのが、「外の人とランチに行って個人教授（パーソナル）大学をつくれ」という内容でした。当時は目が回るくらいの忙しさで、外の人とランチに行くなど想像もできなかったからです。

でも、数年後には、いつの間にか実現していました（個人教授大学ができた）。

そこでようやく気づきました。「自由な働き方」を実現するための各アクションには、「やれるようになるステージ」があったのだと。「加」ステージのときには、ムリして外の人とランチに行かなくてもよいのです。「乗」ステージまでたどり着けば、運ばれるように知り合うことになるだけなのです。

私自身、あるとき（たぶん「乗」ステージ突入）を境に、面識なく著書を愛読していた「心の師匠」と次々に対面できるご縁に恵まれるようになりました。会えるだけでもうれしいのに、こちらのハナシに「おもしろいねえ」と言ってもらえたりすると天にも昇る心地です。そして「何か一緒にやりましょう」となって数々のコラボ企画が実現していきました。こういう出会いはタイミングが大事で、「早く会いすぎないこと」が吉だと思っています。自分が何者でもないとき（特に「加」ステージのとき）にがんばって会いに行っても、その後の関係が発展していかないからです。

このように、「ステージによってやったほうがよいことが真逆になる」場合があります。思うに、会社の中に溢れる世代間ギャップやミスコミュニケーションの原因の多くはそこにあるのではないかと。

たとえば「自分は今の業務はやりたくない、違う業務をやりたい」という若手社員と、「好きなことだけやりたいなんて甘い考えは通らない」というマネジャーの対立は、加減乗除のステージを共有しながら話すことで、

若手：「自分の強みは着想力なので、ニガテな営業ではなく企画をやりたいです」

マネ：「今は『加』ステージだから、ニガテなことも選り好みしないでできることを増やしていこう。必ず次のステージで活きるから」

若手：「たしかに、これがずっと続くわけでもないですもんね。ちょっとがんばってみます」

なんてことになったらいいなと妄想しています。この本を世に出すことで一件でもそんなシーンが生まれたら、望外の喜びです。

この本が届くといいなと思うもうひとつの読者像は「組織で浮いている人」です。お客さんに喜ばれる仕事をしていながらも、諸事情あって、孤独にがんばっている人。本書をきっかけに、そんな人たち同士のつながりをつくっていけたらと思っています（あんまりベタベタしないやつ）。

本編にも書いたように、**仕事の究極的な報酬は「自由」**です。

ただ、自由が誰にとっても無条件によいことかどうかはわかりません。

私はたまたま正社員のまま兼業自由になったので、自分で会社を設立してみました。そこで大きな発見がありました。

「自分で決めないと、何も始まらない」のです。

ほかの仕事をしているうちに、何も始まらないまま2ヵ月経ってしまいました。サラリーマンとしては味わったことのない感覚です。「サラリーマンの自分は、仕事を指示されるのがあたりまえになっていた」ということが判明したのです。これは大きな気づきでした。

自分で会社をもってみてわかったのは、

「自由は面倒くさい」

ということです。やることも自分で決めなければいけないし、「自分が何者なのか」も自分で決めなければいけません。選択肢が多すぎると、選んで決めるのが面倒くさいのです。経営者が、コンサルタントのような「答えをくれる人（サービス）」に頼りたくなる気持ちがハラ落ちしました。また、組織が不自由で独立した人が、結局、大手クライアントの下請け業（上司が社外の人になっただけ）のようになることがあるのも「指示されるのがラクだから」というところに大きな原因があるのかもしれません。

私自身はどうかと言うと、自分の理念（目的・意義）を決めました。

「子どもが憧れる、夢中で仕事をする大人を増やしたい」

子どもは夢中で仕事をしている大人に憧れます。小学校の卒業文集の「将来の夢」で「イチロー選手みたいになりたい」のように書かれる「有名人」の部分に名前が挙がる「近所のおじさん・おばさん」を増やせたら、世の中はよりよくなると思っています。

この理念を基準に仕事を選べば、適度に選択肢も絞られますし、全体がひとつにつながりやすくもなるのではないかと思っています（除ステージ）。

この本を執筆するにあたっては、仕事を始めてから関わりのあった方々はもとより、人生でご縁のあった方々のおかげで今の働き方があることを改めて実感しました。本文に登場いただいた方をはじめ、個別にお名前を挙げてお礼を申し上げたいところですが、紙幅に限りがあるためここで感謝を。ありがとうございます！

中でも、こんなに仕事に夢中になれる環境をつくってくれた三木谷浩史さんと楽天創業メンバーのみなさん、そして一緒に遊んでくれる出店者のみなさんには感謝しかありません。

この本がカタチになったのは、２０１４年にロングセラー『経営が見える会計』（日本経済新聞出版社）の著者・田中靖浩さんが「仲山さんの働き方をテーマにコラボ講演をしよう」と思いついたことがきっかけです。講演後、参加者の一人がニコニコ（にやにや？）しながら近寄ってきて言いました。「今日のお話、本にしませんか」。この本の編集者・柏原里美さんでした。そこから構想に3年、執筆に1年かかりましたが、長い目で見守っていただいたおかげで「働き方改革」の波が起こり、期せずして時代の流れに乗れた感じのタイミングになってしまいました。田中さんと柏原さん、そして出版エージェントとして伴走してくれた宮原陽介さんに感謝です。

最後に、大学5年になるときも、小さなベンチャーに転職するときも、「進也がいいと思うなら」と支援してくれた両親に感謝します。また、こんなに楽しく仕事ができるのも、笑いの絶えない愉快な家庭があってこそ。いつも的確なアドバイス（ダメ出し？）をくれる妻と、シブい味覚でFacebookの「のんべぇか」ネタをくれる息子にも感謝です。

よく「今後のキャリアプランは？」という質問をいただきますが、成り行きまかせの展開型ゆえ、今の働き方が正解とも思っていないし、いつまで続くかもわからないと思っています。だから今でも、「自分は将来どんな大人になるのかな」と楽しみにしながら毎日を過ごしています。

この本を読んでくださった方から「一緒に遊ぼう」とお声がかかって、おもしろいことができたらうれしいです。もしよければ、nakayama48@gmail.com 宛にメールをください。感想など、ひと言だけでもうれしく拝読させていただきます。

【参考文献】

・トーマス・マローン／ロバート・ローバッカー「Eランス経済の夜明け」（ハーバード・ビジネス・レビュー）
・ミハイ・チクセントミハイ『フロー体験 喜びの現象学』（世界思想社）
・チクセントミハイ博士／入山章栄氏／佐宗邦威氏「人事評価に「フロー」を使えば、日本企業はクリエイティブになる」（Ｂ・ｉ・ｚ／Ｚ・ｉ・ｎ・ｅ）
・トム・ピーターズ『トム・ピーターズのサラリーマン大逆襲作戦〈１〉ブランド人になれ！』（ＣＣＣメディアハウス）
・トム・ピーターズ『トム・ピーターズのサラリーマン大逆襲作戦〈２〉セクシープロジェクトで差をつけろ！』（ＣＣＣメディアハウス）
・小阪裕司『「仕事ごころ」にスイッチを！――リーダーが忘れてはならない人間心理の３大原則＆実践術』（フォレスト出版）
・小阪裕司『冒険の作法――仕事と人生がもっと豊かになる』（大和書房）
・本田健『普通の人がこうして億万長者になった――一代で富を築いた人々の人生の知恵』（講談社）
・岡本太郎『自分の中に毒を持て――あなたは〝常識人間〟を捨てられるか』（青春出版社）
・ローレンス・Ｊ・ピーター／レイモンド・ハル『ピーターの法則 創造的無能のすすめ』（ダイヤモンド社）
・ダニエル・ピンク『フリーエージェント社会の到来――「雇われない生き方」は何を変えるか』（ダイヤモンド社）
・スティーブン・Ｒ．コヴィー『７つの習慣』（キングベアー出版）
・本田宗一郎『「一日一話」――〝独創〟に賭ける男の哲学』（ＰＨＰ研究所）
・ジェームス・Ｗ・ヤング『アイデアのつくり方』（ＣＣＣメディアハウス）
・糸井重里『インターネット的』（ＰＨＰ研究所）
・オリ・ブラフマン／ジューダ・ポラック『ひらめきはカオスから生まれる』（日経ＰＢ社）
・守屋淳『組織サバイバルの教科書　韓非子』（日本経済新聞出版社）
・大村はま『新編 教えるということ』（筑摩書房）

PROFILE

仲山 進也（なかやま しんや）

楽天株式会社楽天大学学長／仲山考材株式会社代表取締役

1973年北海道生まれ。

慶應義塾大学法学部法律学科卒業後、シャープを経て、1999年に社員約20名の楽天へ。初代ECコンサルタントであり、楽天市場の最古参スタッフ。

2000年に楽天市場出店者が互いに学び合える場として、「楽天大学」を設立。Eコマースのみならず、チームづくりや理念づくりまで幅広く支援している。

2004年にヴィッセル神戸の経営に参画。

2007年に楽天で唯一のフェロー風正社員（兼業自由・勤怠自由）となり、2008年には自らの会社である仲山考材を設立。

2016～2017年にかけて横浜F・マリノスとスタッフとしてプロ契約。


主な著書に『今いるメンバーで「大金星」を挙げるチームの法則――『ジャイアントキリング』の流儀』（講談社）、『あのお店はなぜ消耗戦を抜け出せたのか』、『あの会社はなぜ「違い」を生み出し続けられるのか』（宣伝会議）など。

著者エージェント：アップルシード・エージェンシー
http://www.appleseed.co.jp/

組織にいながら、自由に働く。

2018年6月20日　初版第1刷発行

著　者――仲山 進也
©2018 Shinya Nakayama
発行者――長谷川 隆
発行所――日本能率協会マネジメントセンター
〒103-6009　東京都中央区日本橋2-7-1　東京日本橋タワー
TEL　03（6362）4339（編集）／03（6362）4558（販売）
FAX　03（3272）8128（編集）／03（3272）8127（販売）
http://www.jmam.co.jp/

装丁――――――――――鈴木 大輔（ソウルデザイン）
本文デザイン・DTP―――――徳永 裕美（ISSHIKI）
印刷所――――――――――シナノ書籍印刷株式会社
製本所――――――――――株式会社三森製本所

ISBN 978-4-8207-3150-4　C2034
落丁・乱丁はおとりかえします。
PRINTED IN JAPAN